BERLITZ®

Américain

GUIDE DE CONVERSATION
ET LEXIQUE POUR LE VOYAGE

Utilisation facile

- Repérage thématique par couleurs
- Une page d'expressions indispensables (ci-contre)
- Guide des pourboires (en dernière page de couverture)
- Choix de questions et réponses pratiques

L'essentiel en un coup d'œil

● Pour tirer le meilleur parti de ce manuel de conversation, commencez par le **Guide de prononciation** (p. 6–9) et enchaînez avec **Quelques expressions courantes** (p. 10–15). Vous ferez ainsi l'acquisition d'un vocabulaire de base tout en vous familiarisant avec la prononciation anglaise.

● Pour un aperçu global de ce livre, consultez la **Table des matières** (p. 3–5). Chaque chapitre comprend des phrases et des expressions simples que vous pouvez compléter avec le mot dont vous avez besoin, ainsi que des conseils et renseignements pratiques.

● Les chapitres **Restaurants** et **Guide des achats** comportent des tables des matières supplémentaires (menu: p. 39, magasins: p. 97).

● Le **Résumé de grammaire** vous familiarisera avec la syntaxe anglaise et vous apprendra quelques règles de base (p. 159–163).

● Pour trouver rapidement le mot dont vous avez besoin, reportez-vous au **Lexique** (p. 164–189). En plus de la traduction anglaise, il vous donne l'indication des pages où ce mot figure.

● Le système de **repérage par couleurs**, avec le titre des chapitres en français et an anglais permet une consultation rapide. En cas de besoin, votre interlocuteur peut se reporter à **l'index en anglais** se trouvant à la fin du livre.

● Tout au long de ce manuel, vous découvrirez ce symbole ☛. Il signale des phrases toutes faites que pourrait utiliser votre interlocuteur. Si vous ne le comprenez pas, laissez-le vous montrer la phrase en anglais, la traduction française se trouve à côté.

Nouvelle édition, entièrement révisée – 1re impression 1993
Printed in Switzerland

Table des matières

Excursions 65

Visites touristiques 80

Distractions 86

Faire connaissance 92

Guide des achats 97

Nous tenons à remercier tout particulièrement Mmes Rosmarie Tastavi-Welti, Anne-Karin Ratna et Maria Wolfer pour leur collaboration dans la rédaction de ce livre, ainsi que le Dr. T.J.A. Bennett, auteur du système de transcription phonétique.

Guide de prononciation

Vous trouverez ci-après des explications sur les sons anglais, ainsi que les symboles que nous avons adoptés pour les représenter. Il s'agit de lire la prononciation comme si c'était du français, à quelques exceptions près expliquées ci-dessous. Notez que toutes les lettres doivent être prononcées, y compris la dernière lettre de chaque mot. Les syllabes imprimées en caractères gras doivent être prononcées de manière plus accentuée.

Consonnes

Lettre	Prononciation approximative	Symbole	Exemple	
b, c, d, f, k, l, m, n, p, t, v, x, z	ces lettres se prononcent comme en français			
ch	comme **tch** dans **tch**èque	tch	**rich**	ritch
g	1) devant **e, i, y**, comme **dj** dans **dj**inn	dj	**gin**	djinn
	2) ailleurs comme **g** dans gare	g gu	**good** **give**	good guiv
h	se prononce presque toujours: ouvrez la bouche et expirez doucement, mais de façon audible	h	**have**	hæv
j	comme **dj** dans **dj**inn	dj	**juice**	djoûss
ng	comme **ng** dans campi**ng**	nng	**ring**	rinng
qu	comme un **k** suivi d'un **ou** faible	kou	**quick**	kouik
r	la langue se place à l'avant de la bouche, dans une position intermédiaire entre celle qu'elle occupe pour le **ou** et pour le **j** français	r	**red**	rèd
s	1) entre deux voyelles et souvent en finale, comme **s** dans rose	z	**his**	hiz

	2) ailleurs comme **s** dans **sec**	s/ss	**say** **yes**	séi yèss
	3) dans les groupes **si** et **su**, comme **j** dans **je**	j	**vision** **usual**	**vi**jeunn **yoû**jeul
sh	comme **ch** dans **chaud**	ch	**ship**	chip
t	**t** dans la terminaison **tion** se prononce **ch** comme dans **chat**	ch	**reserva-tion**	rèzeur**véi**-cheuun
th	1) parfois (généralement devant une voyelle) comme **s** dans ro**s**e, mais en zézayant	ð	**this**	ðiss
	2) parfois (généralement en finale), comme **s** dans **s**ec, mais zézayé	θ	**teeth**	tiiθ
w	comme **ou** dans **ou**atc	ou/w	**well** **wool**	ouèl woul

Voyelles

La voyelle d'une syllabe inaccentuée s'affaiblit en anglais et devient souvent plus ou moins neutre; ce son ressemble au français **eu** dans s**eu**l (p.e. *table* = **téi**beul).

a	1) devant une consonne finale ou devant deux consonnes, un son entre **e** et **a**	æ	**can**	kæn
	2) devant une consonne suivie d'une voyelle, comme **é** dans pr**é** suivi d'un **i** faible	éi	**safe**	séif
	3) devant **r** final ou suivi d'une consonne, comme **â** dans pâte, mais plus long	ââ	**car**	kââr
	4) parfois **o** (devant **l**)	oo	**salt**	soolt
e	1) devant une consonne finale, ou devant deux consonnes, comme **è** dans mène	è	**better**	**bè**teur
	2 devant une consonne suivie d'une voyelle, souvent comme **ie** dans v**ie**	ii	**these**	ðiiz

i	1) devant une consonne finale ou devant deux consonnes, comme **i** dans **vif**, mais avec la langue un peu en retrait	i	**Miss**	miss
	2) devant une consonne suivie d'une voyelle, comme dans le mot **ail**	aï	**fine**	faïn
o	1) devant une consonne finale ou devant deux consonnes, comme **â** dans **pâte** ou **o** dans **robe**, mais avec la langue très bas dans la bouche; peut être prolongé	â o	**hot** **dog**	hât dog
	2) devant une consonne suivie d'une voyelle, à peu près comme **o** dans **rose**, suivi d'un **ou** faible	ôô	**note**	nôôt
	3) le groupe **or** commence avec le son **oo** du mot **alcool**, mais avec les lèvres plus arrondies; à la fin, on perçoit un **r** américain	oor	**port**	poort
u	1) devant une consonne finale ou devant deux consonnes, comme **eu** dans **peur**, mais avec la bouche plus ouverte	eu	**much**	meutch
	2) devant une consonne suivie d'une voyelle, souvent comme **iou** dans **sioux**	yoû	**cure**	kyoûr
	3) dans quelques mots monosyllabiques, comme **ou** dans **toute**, mais avec la bouche plus ouverte	ou	**put**	pout
y	1) dans les mots monosyllabiques, comme **ai** dans le mot **ail**	aï	**my**	maï
	2) au début d'un mot, généralement comme **y** dans **yaourt**	y	**yes**	yèss
	3) ailleurs, généralement comme **i** dans **si**	i	**heavy**	hèvi

Sons écrits avec deux lettres ou plus

ai, ay	comme **é** dans pr**é**, suivi d'un **i** faible	éi	**day**	déi
aw	comme alc**oo**l, mais avec les lèvres plus arrondies	oo	**raw**	roo
ea, ee, (c)ei, ie	généralement comme **ie** dans v**ie**, mais plus long	ii	**receipt**	risiit
er, ir, ur	devant une consonne ou à la fin d'un mot, comme **eu** dans p**eu**r	eû	**fur**	feûr
ere	1) parfois comme **i** suivi d'un **r** américain	iir	**here**	hiir
	2) parfois comme **è** suivi d'un **r** américain	èr	**there**	ðèr
ew	comme **iou** en français	yoû	**few**	fyoû
igh	comme dans le mot **ail**	aï	**high**	haï
oa	en général comme **o** dans r**o**se, suivi d'un **ou** faible	ôô	**road**	rôôd
oi, oy	plus ou moins comme **oï** dans M**oï**se	oï	**boy**	boï
oo	1) généralement comme **ou** dans l**ou**rd (long)	oû	**room**	roûm
	2) parfois le même son, mais court et avec la bouche plus ouverte	ou	**book**	bouk
ou/ow	1) généralement comme **aou** dans R**aou**l	aou	**pound** **now**	paound naou
	2) parfois comme **o** dans r**o**se, suivi d'un **ou** faible	ôô	**slow**	slôô

Prononciation de l'alphabet anglais

A	éi	**H**	éitch	**O**	ôô	**V**	vii
B	bii	**I**	aï	**P**	pii	**W**	**deu**beulyoû
C	sii	**J**	djéi	**Q**	kyoû	**X**	èks
D	dii	**K**	kéi	**R**	ââr	**Y**	ouaï
E	ii	**L**	èl	**S**	èss	**Z**	zii
F	èf	**M**	èm	**T**	tii		
G	djii	**N**	èn	**U**	yoû		

Quelques expressions courantes

Oui.	**Yes.**	yèss
Non.	**No.**	nôô
S'il vous plaît.	**Please.**	pliiz
Merci.	**Thank you/Thanks.**	θængk yoû/θæng(k)s
Merci beaucoup.	**Thank you very much.**	θængk yoû **vè**ri meutch
Il n'y a pas de quoi.	**You're welcome.**	yoor **ouèl**keum
Excusez-moi/ Désolé(e).	**Pardon/I'm sorry.**	**pââr**deunn/aïm **sâ**ri
Pardon?	**Pardon?**	**pââr**deunn

Salutations *Greetings*

Bonjour. (matin)	**Good morning.**	goud **moor**ninng
Bonjour. (après-midi)	**Good afternoon.**	goud æfteur**noûn**
Bonsoir.	**Good evening.**	goud **iiv**ninng
Bonne nuit.	**Good night.**	goud naït
Au revoir.	**Goodbye.**	goud**baï**
A bientôt.	**See you later.**	sii yoû **léi**teur
Je vous présente Bob (Johnson).	**This is/Meet Bob (Johnson).***	ðiss iz/miit bâb (**djân**-seunn)
Bonjour! (fam.)	**Hello/Hi!**	heu**lôô**/haï
Voici mon mari/ma femme.	**This is my husband/my wife.**	ðiss iz maï **heuz**-beunnd/maï ouaïf
Ravi(e) de vous/te rencontrer.	**Pleased to meet you.****	pliizd tou mitt yoû
Comment allez-vous?	**How are you?**	haou ââr yoû
Bien, merci.	**I'm fine.**	aïm faïn
Et vous?	**And you?**	ænd yoû

---

* *Mr./Mrs./Miss* (Monsieur/Madame/Mademoiselle) ne s'utilisent que dans la correspondance.

** L'anglais ignore le tutoiement. Il n'y a donc qu'une forme *you*, signifiant «tu» ou «vous».

Questions *Questions*

Où?	**Where?**	ouèr
Où est .../ Où se trouve ...?	**Where is ...?**	ouèr iz
Où sont .../ Où se trouvent ...?	**Where are ...?**	ouèr ââr
Où puis-je obtenir/ trouver ...?	**Where can I get .../ find ...?**	ouèr kæn aï guèt/ faïnd
Qui?	**Who?**	hoû
Qui est-ce?	**Who's that?**	hoûz ðæt
Quoi?	**What?**	ouât
Qu'est-ce que c'est?	**What's that?**	ouâts ðæt
Que veut dire ceci/ cela?	**What does this/ that mean?**	ouât deuz ðiss/ðæt miin
Lequel/Laquelle?	**Which?**	ouitch
Quel bus va à ...?	**Which bus goes to ...?**	ouitch beuss gôôs tou
Quand?	**When?**	ouèn
Quand arrivons-nous?	**When do we arrive?**	ouèn dou oui euraïv
A quelle heure ouvre/ferme ...?	**When does ... open/close?**	ouèn deux ... ôôpeunn/klôôz
Combien?	**How much?**	haou meutch
Combien? (plur.)	**How many?**	haou mènl
Combien coûte ceci?	**How much does this cost?**	haou meutch deuz ðiss kost
Comment?	**How?**	haou
Comment puis-je me rendre à ...?	**How do I get to ...?**	haou dou aï guèt tou
A quelle distance?	**How far?**	haou fââr
Combien de temps?	**How long?**	haou lonng
Comment appelez-vous ceci en anglais?	**What do you call this in English?**	ouât dou yoû kool ðiss inn inglich
Est-ce exact?	**Is that right?**	iz ðæt raït
Pourquoi?	**Why?**	ouaï

Parlez-vous ...? *Do you speak ...?*

Y a-t-il quelqu'un qui parle français ici?	**Does anyone here speak French?**	deuz **è**niouеunn hiir spiik frèntch
Je ne parle pas (bien) anglais.	**I don't speak (much) English.**	aï dôônt spiik (meutch) **inng**lich
Pourriez-vous parler plus lentement, s.v.p.?	**Could you speak more slowly, please?**	koud yoû spiik moor **slôô**li pliiz
Comment dit-on cela en anglais?	**How do you say this in English?**	haou dou yoû séi ðiss inn **inng**lich
Pourriez-vous me l'écrire, s.v.p.?	**Could you write it down, please?**	koud yoû raït it daoun pliiz
Pourriez-vous ...?	**Could you ... it?**	koud yoû ... it
épeler expliquer répéter traduire	**spell** **explain** **repeat** **translate**	spèl iks**pléinn** ri**piit** trænz**léit**
Montrez-moi le/la ... dans le livre, s.v.p.	**Please point to the ... in the book.**	pliiz poïnt tou ðeu ... inn ðeu bouk
expression mot phrase	**phrase** **word** **sentence**	fréiz oueûr **sèn**teunnss
Un instant.	**Just a moment.**	djeust eu **môô**meunnt
Que signifie ceci?	**What does this mean?**	ouât deuz ðiss miin
Pardon?	**Pardon?**	**pââr**deunn
Je comprends.	**I understand.**	aï eunndeur**stænd**
Je ne comprends pas.	**I don't understand.**	aï dôônt eunndeur**stænd**
Comprenez-vous?	**Do you understand?**	dou yoû eunndeur**stænd**
Avez-vous un dictionnaire?	**Do you have a dictionary?**	dou yoû hæv eu **dik**cheunèri
Je ne trouve pas la bonne traduction.	**I can't find the right translation.**	aï kænt faïnd ðeu raït trænz**léi**cheunn
Je ne suis pas sûr(e) de la prononciation.	**I'm not sure whether the pronunciation is right.**	aïm nât choûr **ouè**ðeur ðeu preuneunnsi**éi**cheunn iz raït

Souhaits *Wanting...*

Puis-je avoir ...?	**Can I have ...?**	kæn aï hæv
Pouvon-nous avoir ...?	**Can we have ...?**	kæn oui hæv
Pouvez-vous me montrer ...?	**Can you show me ...?**	kæn yoû chôô mi
Pouvez-vous m'indiquer le chemin pour ..., s.v.p.?	**Can you show me the way to ..., please?**	kæn yoû chôô mi ðeu ouéi tou ... pliiz
Pouvez-vous me dire ...?	**Can you tell me ...?**	kæn yoû tèl mi
Pouvez-vous m'aider?	**Can you help me?**	kæn yoû hèlp mi
J'aimerais/ Je voudrais ...	**I'd like ...**	aïd laïk
Pouvez-vous me donner/m'apporter ..., s.v.p.?	**Could you give/bring me ..., please?**	koud yoû guiv/brinng mi ... pliiz
Je cherche ...	**I'm looking for ...**	aïm **lou**kinng foor
J'ai besoin de ...	**I need ...**	aï niid

Avoir/Etre *To have/To be*

J'ai/Nous avons ...	**I've/We've ...***	aïv/ouiiv
J'ai perdu ...	**I've lost ...**	aïv lost
Je suis/Nous sommes ...	**I'm/We're ...***	aïm/ouiir
J'ai faim/soif.	**I'm hungry/thirsty.**	aïm **heunn**ggri/**θeûr**sti
Je me suis égaré(e).	**I'm lost.**	aïm lost
Je suis en retard.	**I'm late.**	aïm léit
Je suis fatigué(e).	**I'm tired.**	aïm taïrd
Je suis Belge/Canadien(ne)/Français(e)/ Suisse(sse).	**I'm Belgian/Canadian/French/Swiss.**	aïm **bèl**djeunn/keu**néi**dyeunn/frèntch/souiss

---

*__I've, I'm__, etc. sont des contractions usuelles de **I have, I am**, etc. (voir aussi Grammaire, page 162).

C'est/Il y a . . . *It is/There is . . .*

C'est . . .	**It is/It's . . .**	it iz/its
Ce n'est pas . . .	**It isn't . . .**	it **i**zeunnt
Est-ce . . .?	**Is it . . .?**	iz it
Le/la voici.	**Here it is.**	hiir it iz
C'est important.	**It's important.**	its im**poor**teunnt
C'est urgent.	**It's urgent.**	its **eûr**djeunnt
Il y a . . . (sing./pl.)	**There is/There are . . .**	ðèr iz/ðèr ââr
Il n'y a pas . . .	**There is no . . .**	ðèr iz nôô
Il n'y a pas . . . (pl.)	**There are no . . .**	ðèr ââr nôô
Y a-t-il . . .?	**Is there . . .?**	iz ðèr

Quantités *Quantities*

un peu/beaucoup	**a little/a lot**	eu **li**teul/eu lât
peu de/quelques	**few/a few**	fyoû/eu fyoû
beaucoup (sing./pl.)	**much/many**	meutch/**mè**ni
plus/moins (que)	**more/less (than)**	moor/lèss (ðæn)
assez/trop	**enough/too much**	i**neuf**/toû meutch

Contraires *Opposites*

ancien/nouveau	**old/new**	ôôld/nyoû
avant/après	**before/after**	bi**foor**/**æf**teur
beau/laid	**beautiful/ugly**	**byoû**tifeul/**eu**gli
bon/mauvais	**good/bad**	goud/bæd
bon marché/cher	**cheap/expensive**	tchiip/iks**pèn**sive
chaud/froid	**hot/cold**	hât/kôôld
dedans/dehors	**inside/outside**	**inn**saïd/**aout**saïd
en haut/en bas	**up/down**	eup/daoun
facile/difficile	**easy/difficult**	**ii**zi/**di**fikeult
grand/petit	**big/small**	big/smool
ici/là	**here/there**	hiir/ðèr
juste/faux	**right/wrong**	raït/ronng
libre/occupé	**vacant/occupied**	**véi**keunnt/**â**kyeupaïd
lourd/léger	**heavy/light**	**hè**vi/laït
ouvert/fermé	**open/shut**	ôôpeunn/cheut
plein/vide	**full/empty**	foul/**è**mti
près/loin	**near/far**	niir/fââr
rapide/lent	**fast/slow**	fæst/slôô
tôt/tard	**early/late**	**eûr**li/léit
vieux/jeune	**old/young**	ôôld/yeunng

Préposition *Prepositions*

à	**at, to**	æt, tou
à côté de	**next to**	nèkst tou
à travers	**through, thru**	θrou
après	**after**	**æf**teur
avant	**before**	bi**foor**
avec	**with**	ouið
chez	**at**	æt
dessous/dessus	**under/over**	**eunn**deur/**ôô**veur
dans, en	**in**	inn
de	**from, of**	freum, euv
depuis	**since**	sinnss
derrière	**behind**	bi**haïnd**
devant	**in front of**	inn freunnt euv
entre	**between**	bi**touiin**
excepté, sauf	**except**	ik**sèpt**
jusqu'à	**until**	eunn**til**
pendant	**during**	**dyoû**rinng
pour	**for**	foor
sans	**without**	ouið**aout**
sous	**under**	**eunn**deur
sur	**on**	ân
vers	**towards, to**	toordz, tou

Quelques autres mots utiles *Some more useful words*

aussi	**also**	**ool**sôô
bientôt	**soon**	soûn
déjà	**already**	ool**rè**di
ensuite	**then**	ðèn
et	**and**	ænd
jamais	**never**	**nè**veur
maintenant	**now**	naou
mais	**but**	beut
ne ... pas	**not**	nât
ou	**or**	oor
pas ... encore	**not ... yet**	nât ... yèt
personne	**nobody**	**nôô**beudi
peut-être	**perhaps**	peur**hæps**
quelqu'un	**somebody**	**seum**beudi
rien	**nothing**	**neu**θinng
seulement, rien que	**only**	**ôôn**li
toujours	**always**	**ool**ouéiz
tout	**everything**	**è**vriθinning
très	**very**	**vè**ri

Arrivée

Contrôle des passeports *Passport control/Immigration*

A votre arrivée, un fonctionnaire vous demandera votre passeport et le formulaire d'immigration que vous aurez rempli dans l'avion. Même si ce dernier a été correctement et complètement rempli, on vous posera sans doute encore quelques questions. En général, il y a des fonctionnaires bilingues pour les touristes qui ont de la peine à s'exprimer en anglais.

Your passport and immigration form, please.	Votre passeport et formulaire d'immigration, s.v.p.
How long will you be staying?	Combien de temps comptez-vous rester?
Your return ticket, please.	Votre billet de retour, s.v.p.
Where will you be staying?	Où séjournerez-vous?

Je resterai ...	**I'll be staying ...**	aïl bi **stéi**inng
... jours	**... days**	... déiz
deux/trois semaines	**two/three weeks**	toû/θrii ouiiks
un mois	**a month**	eu meunnθ
Je suis ici pour affaires/en vacances.	**I'm here on business/on vacation.**	aïm hiir ân **biz**neuss/ân véi**kéi**cheunn
Je suis étudiant(e)/stagiaire.	**I'm a student/a trainee.**	aïm eu **styoû**deunnt/eu tré**inii**
Je voyagerai à travers le pays.	**I'll be traveling around.**	aïl bi **træv**linng eu**raound**
Je logerai chez des amis.	**I'll be staying with friends.**	aïl bi **stéi**inng ouið frèndz

Si vous avez des problèmes:

Excusez-moi, je ne comprends pas.	**I'm sorry, I don't understand.**	aïm **sâ**ri aï dôônt eunn-deur**stænd**
Y a-t-il quelqu'un qui parle français ici?	**Does anyone here speak French?**	deuz **è**nioueunn hiir spiik frèntch

CHIFFRES, voir page 147

Douane *Customs*

Voici les quantités de tabac et d'alcool que vous pourrez importer ou exporter en franchise, si vous avez au moins 21 ans:

Entrée au(x)/en:	Cigarettes		Cigares		Tabac	Alcools		Vin
Etats-Unis	200	ou	50	ou	1350 g	1 l	ou	1 l
Canada	200	et	50	et	900 g	1,1 l	ou	1,1 l
Belgique France Suisse	200	ou	50	ou	250 g	1 l	et	2 l

Les plantes et les denrées alimentaires sont soumises à un contrôle sévère: il est interdit d'importer des fruits, des légumes, de la viande, ainsi que des chocolats fourrés à la liqueur.

Je n'ai rien à déclarer.	**I've nothing to declare.**	aïv **neu**θinng tou di**klèr**
C'est pour mon usage personnel.	**That's for my personal use.**	ðæts foor maï **peûr**seuneul yoûss
J'ai ... bouteilles de cognac/... cartouches de cigarettes.	**I have ... bottles of cognac/... cartons of cigarettes.**	aï hæv ... **bâ**teulz euv **kôô**nyæk/... **kââr**teunnz euv sigueu**rèts**
C'est un cadeau.	**This is a gift.**	ðiss iz eu guift

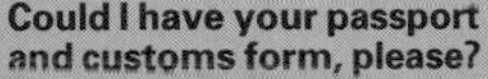

Could I have your passport and customs form, please?	Puis-je voir votre passeport et formulaire de douane?
Do you have anything to declare?	Avez-vous quelque chose à déclarer?
Did you buy anything tax free?	Avez-vous acheter quelque chose hors taxe?
Please open this bag.	Ouvrez ce sac, s.v.p.
You'll have to pay tax on this.	Il vous faudra payer une taxe sur cet article.

Bagages – Porteur	*Baggage – Porter*	
Où sont les chariots à bagages?	**Where are the luggage carts?**	ouèr ââr ðeu **leu**guidj kâârts
Où est la consigne automatique?	**Where are the baggage lockers?**	ouèr ââr ðeu **bæ**guidj **lâ**keurz
Porteur!	**Skycap/Porter!**	**skaï**kæp/**poor**teur
Prenez s.v.p. ...	**Please take ...**	pliiz téik
ces bagages mon sac ma valise	**this baggage my bag my suitcase**	ðiss **bæ**guidj maï bæg maï **soût**kéiss
Portez ces bagages à l'arrêt du bus/à la station de taxi, s.v.p.	**Take this baggage to the bus waiting area/taxi stand, please.**	téik ðiss **bæ**guidj tou ðeu beuss **ouéi**tinng èryeu/**tæk**si stænd pliiz
Il en manque un/une.	**There's one piece missing.**	ðèrz oueunn piiss **mis**sinng
Combien vous dois-je?	**What's the charge?**	ouâts ðeu tchâârdj

Change *Foreign currency exchange*

Il y a des succursales de banques et des bureaux de change dans tous les aéroports internationaux. En changeant votre argent, pensez à demander des billets de $20, qui sont acceptés presque partout.

Où puis-je changer de l'argent?	**Where can I change foreign currency?**	ouèr kæn aï tchéinndj **fo**reunn **keu**reunnsi
Pouvez-vous changer ces chèques de voyage?	**Can you cash these travelers checks?**	kæn yoû kæch ðiiz **træv**leurz tchèks
Je voudrais changer des ...	**I want to change some ...**	aï ouoont tou tchéinndj seum
dollars canadiens francs belges/ français/suisses	**Canadian dollars Belgian/French/ Swiss francs**	keu**néi**dyeunn **dâ**leurz **bèl**djeunn/frèntch/ souiss fræng(k)s
Quel est le taux de change?	**What's the exchange rate?**	ouâts ðeu iks**tchéinndj** réit

BANQUES – CHANGE, voir page 129

Où est ...? *Where is ...?*

Où est la station de taxi?	**Where's the taxi stand?**	ouèrz ðeu **tæk**si stænd
Comment puis-je aller à ...?	**How do I get to ...?**	haou dou aï guèt tou
Où est le bus pour ...?	**Where's the bus for ...?**	ouèrz ðeu beuss foor
Y a-t-il une correspondance par bus rapide/hélicoptère/train pour ...?	**Is there an express bus/a helicopter/a train connection to ...?**	iz ðèr eunn iks**prèss** beuss/eu **hè**leukâpteur /eu tréinn keu**nèk**cheunn tou
Où sont les agences de location de voitures?	**Where are the car rental counters?**	ouèr ââr ðeu kââr **rèn**teul **kaoun**teurz
Où est/sont ...?	**Where is/are the ...?**	ouèr iz/ââr ðeu
boîte aux lettres	**mailbox/mail slot**	**méil**bâks/méil slât
bureau des objets trouvés	**lost and found office**	lost ænd faound **â**feuss
renseignements	**information counter**	innfeur**méi**cheunn **kaoun**teur
Y a-t-il des installations pour handicapés?	**Are there any facilities for disabled persons?**	ââr ðèr **è**ni feu**si**leutiz foor di**séi**beuld **peûr**seunnz

Réservation d'hôtel *Hotel reservation*

Avez-vous une liste d'hôtels?	**Do you have a hotel directory?**	dou yoû hæv eu hôô**tèl** deu**rèk**teuri
Pouvez-vous me réserver une chambre?	**Could you reserve a room for me?**	koud yoû ri**zeûrv** eu roûm foor mi
dans le centre	**downtown**	**daoun**taoun
près de ...	**near the ...**	niir ðeu
chambre à un lit	**a single room**	eu **singg**gueul roûm
chambre à deux lits	**a double room**	eu **deu**beul roûm
Combien coûte une nuit?	**What's the rate per night?**	ouâts ðeu réit peûr naït
N'avez-vous rien de moins cher?	**Don't you have anything less expensive?**	dôônt yoû hæv **è**niθinng lèss iks**pèn**siv
Avez-vous un plan de la ville?	**Do you have a street map?**	dou yoû hæv eu striit mæp

HOTEL – LOGEMENT, voir page 22

Location de voitures *Car/Auto rental*

La plupart des agences de location exigent une carte internationale de crédit ou alors une caution (*deposit*) très importante. Il vous faudra aussi un permis de conduire national (avec traduction en anglais) ou un permis international, le tout accompagné de votre passeport.

Renseignez-vous sur d'éventuels tarifs spéciaux (fin de semaine/part semaine/forfait avec kilométrage illimité/paiement ou réservation à l'avance, etc.). Pensez à faire le plein avant de rendre la voiture, cela vous coûtera nettement moins cher.

Je voudrais louer une voiture.	**I'd like to rent a car.**	aïd laïk tou rènt eu kâar
J'ai une carte de crédit …	**I've a … (credit) card.**	aïv eu … (**krè**deut) kâard
Acceptez-vous l'argent liquide?	**Do you accept cash?**	dou yoû ik**sèpt** kæch
Je voudrais une voiture …	**I'd like a …**	aïd laïk eu
petite/moyenne break	**compact/midsize station wagon**	**kâm**pækt/**mid**saïz **stéi**cheunn **ouæ**guenn
à vitesses automatiques	**with automatic transmission**	ouið ooteu**mæ**tik trænz**mi**cheunn
pour un jour/une semaine/une fin de semaine	**for one day/a week/the weekend**	foor oueunn déi/eu ouiik eu **ouiik**ènd
Quel est le tarif par mile?	**What's the charge per mile?**	ouâts ðeu tchâârdj peûr maïl
Est-ce que le prix du mile est inclus?	**Is mileage included?**	iz **maï**lidj inn**kloû**deud
Avez-vous des tarifs spéciaux (par jour/fin de semaine/semaine)?	**Do you have any special (daily/weekend/weekly) rates?**	dou yoû hæv **è**ni **spè**cheul (**déi**li/**ouiik**ènd/**ouiik**li) réits
Je voudrais rendre la voiture à …	**I'd like to leave the car in …**	aïd laïk tou liiv ðeu kâar inn
Je (ne) veux (pas) une assurance tous risques.	**I (don't) want full insurance.**	aï (dôônt) ouoont foul inn**choû**reunnss

VOITURE, voir page 75/TABLES DE CONVERSION, page 158

Taxi *Taxi/Cab*

Il y a des stations de taxi aux abords de tous les aéroports, de toutes les gares SNCF et gares routières. Dans les grandes villes, on peut les héler dans la rue ou appeler à la centrale. Dans les petites localités par contre, on ne peut les obtenir que par téléphone. Leurs numéros se trouvent dans les pages jaunes de l'annuaire sous «Taxicabs». Veillez à avoir sur vous des dollars en petites coupures, les chauffeurs n'ayant souvent pas de quoi rendre la monnaie.

Où puis-je trouver un taxi?	**Where can I get a taxi?**	ouèr kæn aï guèt eu **tæ**ksi
Appelez-moi un taxi, s.v.p.	**Please get me a taxi.**	pliiz guèt mi eu **tæ**ksi
Combien coûte le trajet jusqu'à ...?	**What's the fare to ...?**	ouâts ðeu fèr tou
A quelle distance se trouve ...?	**How far is it to ...?**	haou fâår iz it tou
Conduisez-moi ...	**Take me to ...**	téik mi tou
à cette adresse	**this address**	ðiss æ**drèss**
à l'aéroport (de ...)	**the (...) airport**	ði (...) **è**rpoort
à la gare (de ...)	**the (...) station**	ðeu (...) **stéi**cheunn
à l'hôpital (le plus proche)	**the (nearest) hospital**	ðeu (**nii**reust) **hâ**spiteul
à l'hôtel ...	**the ... hotel**	ðeu ... hôô**tèl**
à la jetée ...	**pier ...**	piir
au centre-ville	**the center of town**	ðeu **sèn**teur euv taoun
Je suis pressé(e).	**I'm in a hurry.**	aïm inn eu **heu**ri
Pourriez-vous rouler plus lentement?	**Could you drive more slowly, please?**	koud yoû draïv moor **slôô**li pliiz
Arrêtez-vous ici, s.v.p.	**Stop here, please.**	stâp hiir pliiz
Pourriez-vous m'aider à porter mes bagages?	**Could you help me carry my baggage?**	koud yoû hèlp mi **kæ**ri maï **bæ**guidj
Pouvez-vous m'attendre, s.v.p.?	**Would you wait for me, please?**	woud yoû ouéit foor mi pliiz
Je reviens dans 10 minutes.	**I'll be back in 10 minutes.**	aïl bi bæk inn 10 **mi**neuts

POURBOIRES, voir 3ème page de couverture/CHIFFRES, page 147

Hôtel – Logement

Les offices du tourisme locaux publient des listes des différentes possibilités d'hébergement dans leur région respective. On peut se les procurer dans les *Tourist Information Centers (TIC)* ou dans les bureaux de la Chambre de Commerce (*Chamber of Commerce*).

Hotel (hôô**tèl**)	La plupart des chaînes d'hôtels ainsi que de nombreux hôtels indépendants ont un numéro de téléphone avec 800 comme indicatif, ce qui permet de réserver sans frais dans tout le pays.
Motel (môô**tèl**)	Appelé aussi *motor inn* ou *motor lodge*. Vous y arrivez en voiture, payez à l'avance et portez vos bagages dans la chambre. Dans bien des motels il n'y a ni restaurant ni téléphone dans les chambres, par contre, il y a souvent une piscine, une salle de jeu, etc.
Tourist home/ Guest house/ Bed and breakfast (**toû**reust hôôm/ guèst haouss/ bèd ænd **brèk**feust)	Dans les petites villes et les endroits touristiques, vous trouverez facilement des auberges, des pensions ou une chambre et petit déjeuner chez l'habitant.
Farm/Ranch (fâârm/ræntch)	Cela va du ranch de luxe tout confort avec piscine au gîte rural ou logement à la ferme, en passant par le *dude ranch*, ranch nettement plus modeste.

Y a-t-il une auberge de jeunesse dans les environs?	**Is there a youth hostel/a YMCA/ YWCA* nearby?**	iz ðer eu youθ **hâs**teul/ eu ouaï-èm-si-**éi**/ouaï-deubeulyoû-si-**éi** niir**baï**
Est-il possible de louer un/une ...?	**Can I rent ...?**	kæn aï rènt
appartement	**an apartment**	eunn eu**pâârt**meunnt
bungalow	**a bungalow**	eu **beunng**gueulôô
maison de vacances	**a holiday cottage**	eu **hâ**leudéi **kâ**tidj

* *YMCA/YWCA, Young Men's/Women's Christian Association* (Union chrétienne de jeunes gens/jeunes filles).

CAMPING, voir page 32

A la réception *Reception*

Avez-vous encore des chambres libres?	**Do you have any vacancies?**	dou yoû hæv **è**ni **véi**keunnsiz
J'ai réservé.	**I've a reservation.**	aïv eu rèzeur**véi**cheunn
Nous avons réservé deux chambres.	**We've reserved two rooms.**	ouiiv ri**zeûrvd** toû roûmz
Je m'appelle ...	**My name is ...**	maï néim iz
Le numéro de la confirmation est ...	**The confirmation number is ...**	ðeu kânfeur**méi**cheunn **neum**beur iz
Je voudrais une ...	**I'd like ...**	aïd laïk
chambre à un lit	**a single room**	eu **sing**gueul roûm
chambre à deux lits	**a double room**	eu **deu**beul roûm
chambre avec ...	**a room with ...**	eu roûm ouið
lits jumeaux	**double (twin) beds**	**deu**beul (touinn) bèdz
grand lit	**a king/queen bed***	eu kinng/kouiin bèd
bain/douche	**a bath/shower**	eu bæθ/chaour
balcon	**a balcony**	eu **bæl**keuni
Nous aimerions une chambre ...	**We'd like a ... room.**	ouiid laïk eu ... roûm
donnant sur la piscine/la rue	**poolside/streetside**	**poûl**saïd/**striit**saïd
avec vue sur la mer/le lac	**waterfront**	**ouoo**teurfreunnt
Elle doit être calme.	**It must be quiet.**	it meust bi **kouaï**eut
Y a-t-il ...?	**Is there ...?**	iz ðèr
blanchisserie	**laundry service**	**loon**dri **seûr**veuss
climatisation	**air conditioning**	èr keunn**di**cheuninng
radio/télévision/ réfrigérateur dans la chambre	**a radio/TV/ refrigerator in the room**	eu **réi**dyôô/ti-vi/ ri**fri**djeuréiteur inn ðeu roûm
service d'étage	**room service**	roûm **seûr**veuss
toilettes	**a private toilet**	eu **praï**veut **toï**leut
Pourriez-vous mettre un lit supplémentaire/lit d'enfant dans la chambre?	**Could you put an extra bed/a cot in the room?**	koud yoû pout eunn **èk**streu bèd/eu kât inn ðeu roûm

* Le *king bed* est un peu plus large, le *queen bed* un peu plus étroit que le lit français traditionnel.

DÉPART, voir page 31

Combien? *How much?*

Combien coûte la nuit/la semaine?	**What's the rate per night/per week?**	ouâts ðeu réit peûr naït/peûr ouiik
Servez-vous le petit déjeuner/des repas?	**Do you serve break-fast/meals?**	dou yoû seûrv **brèk**feust/miilz
Le petit déjeuner est-il compris?	**Is breakfast included?**	iz **brèk**feust innk**loû**deud
Avez-vous des forfaits demi-pension/pension complète?	**Do you have half-/full-board plans?***	dou yoû hæv hæf/foul boord plænz
Faites-vous des prix spéciaux pour la famille?	**Do you have family plans?**	dou yoû hæv **fæ**meuli plænz
Y a-t-il une réduction pour enfants?	**Is there any discount for children?**	iz ðer **è**ni **dis**kaount foor **tchil**dreunn
Faut-il payer pour le bébé?	**Do you charge for the baby?**	dou yoû tchâârdj foor ðeu **béi**bi
C'est trop cher.	**It's too expensive.**	its toû iks**pèn**siv
N'avez-vous rien de meilleur marché?	**Don't you have anything less expensive?**	dôônt yoû hæv **è**niθinng lèss iks**pèn**siv

N.B. N'oubliez pas qu'au prix indiqué vient s'ajouter l'impôt sur le chiffre d'affaires (*sales tax*) ainsi que, dans bien des endroits, une taxe de séjour.

Pour combien de temps? *How long?*

Nous resterons ...	**We'll be staying ...**	ouiil bi **stéi**inng
une nuit seulement	**tonight only**	teu**naït ôô**nli
... jours	**... days**	... déiz
une semaine (au moins)	**a week (at least)**	eu ouiik (æt liist)
Je ne sais pas encore.	**I don't know yet.**	aï dôônt nôô yèt

---

*Dans l'hôtellerie, les termes utilisés sont les suivants: *European Plan* (*EP*) pour nuitée seulement, *Continental Plan* (*CP*) pour chambre et petit déjeuner, *Modified American Plan* (*MAP*) pour chambre et demi-pension, *American Plan* (*AP*) pour chambre et pension complète.

CHIFFRES, voir page 147

Décision *Decision*

Puis-je voir la chambre?	**Could I see the room?**	koud aï sii ðeu roûm
Bien, je la prends.	**Fine, I'll take it.**	faïn aïl téik it
Non, elle ne me plaît pas.	**No, I don't like it.**	nôô aï dôônt laïk it
Elle est trop ...	**It's too ...**	its toû
chaude/froide petite/sombre bruyante	**hot/cold** **small/dark** **noisy**	hât/kôôld smôôl/dâark **noï**zi
N'avez-vous rien de ...?	**Do you have anything ...?**	dou yoû hæv **è**niθinng
mieux meilleur marché plus grand plus joli plus tranquille	**better** **less expensive** **bigger** **nicer** **quieter**	**bè**teur lèss iks**pènsiv** **bi**gueur **naï**sseur **kouaï**teur
Avez-vous une chambre avec une plus belle vue?	**Do you have a room with a better view?**	dou yoû hæv eu roûm ouið eu **bè**teur vyoû
Puis-je avoir une autre chambre	**Could I have another room?**	koud aï hæv eu**neu**ðeur roûm

Enregistrement *Checking in*

On vous demandera sans doute votre passeport au moment de remplir la fiche (*registration form*). Veillez à ce qu'on vous le rende immédiatement.

Name	Nom
Address	Adresse
City/Country	Ville/Pays
Nationality	Nationalité
Passport No.	Numéro de passeport
Date	Date
Signature	Signature

Could I see your driver's license/I.D./passport, please?	Pourrais-je voir votre permis de conduire/carte d'identité/passeport?
Fill in this registration form, please.	Pourriez-vous remplir cette fiche, s.v.p.?
Sign here, please.	Signez ici, s.v.p.
How long will you be staying?	Combien de temps comptez-vous rester?

Questions d'ordre général *General requirements*

Quel est le numéro de ma chambre?	**What's my room number?**	ouâts maï roûm **neum**beur
Pouvez-vous faire monter nos bagages?	**Could you have our baggage sent up?**	koud yoû hæv aour **bæ**guidj sènt eup
Où puis-je garer la voiture?	**Where can I park my car?**	ouèr kæn aï pâârk maï kââr
L'hôtel a-t-il un garage?	**Does the hotel have a garage?**	deuz ðeu hôô**tel** hæv eu gueu**rââj**
Je voudrais déposer ceci dans votre coffre.	**I'd like to leave this in your safety deposit box.**	aïd laïk tou liiv ðiss inn yoor **séif**ti di**pâ**zeut bâks
La clé pour la chambre ..., s.v.p.	**The key to room ..., please.**	ðeu kii tou roûm ... pliiz
J'aimerais être réveillé(e) à ...	**I'd like a wake-up call at ...**	aïd laïk eu ouéik eup kool æt
A quelle heure servez-vous le petit déjeuner /le déjeuner/le dîner?	**When is breakfast/ lunch/dinner served?**	ouèn iz **brèk**feust/ leunntch/**di**neur seûrvd
Peut-on prendre le petit déjeuner dans la chambre?	**Can we have breakfast in our room?**	kæn oui hæv **brèk**feust inn aour roûm
Où est la prise pour le rasoir?*	**Where's the outlet for the shaver?**	ouèrz ðeu **aout**lèt foor ðeu **chéi**veur

* Le courant (*voltage*) aux E-U est du 110 V. alternatif. Et comme les prises sont différentes, il vous faudra également un adaptateur (*an adapter*).

Puis-je avoir ...?	**Could I have ...?**	koud aï hæv
aiguille et du fil	**a needle and thread**	eu **nii**deul ænd θrèd
cendrier	**an ashtray**	eunn **æch**tréi
cintres	**some hangers**	seum **hæng**eurz
couverture chauffante	**an electric blanket**	eunn i**lèk**trik **blæng**keut
couverture (supplémentaire)	**a(n extra) blanket**	eu(nn **èks**treu) **blæng**keut
enveloppes	**some envelopes**	seum **èn**veulôôps
glaçons	**some ice cubes**	seum aïss kyoûbz
lampe de chevet	**a reading lamp**	eu **rii**dinng læmp
linge à mains	**a towel**	eu taoul
oreiller supplémentaire	**an extra pillow**	eunn **èk**streu **pi**lôô
papier à lettres	**some writing paper**	seum **raï**tinng **péi**peur
savon	**some soap**	seum sôôp
serviette de bain	**a bath towel**	eu bæθ taoul
Où est/sont ...?	**Where's the ...?**	ouèrz ðeu
ascenseur	**elevator**	èleuvéiteur
salle à manger	**dining room**	**daï**ninng roûm
salle de bain	**bath**	bæθ
sortie de secours	**emergency exit**	i**meûr**djeunnsi **è**gzeut
toilettes dames/messieurs	**ladies'/men's room**	**léi**diz/mènz roûm
Pouvez-vous me procurer un/une ...?	**Can you find me a ...?**	kæn yoû faïnd mi eu
garde d'enfants	**babysitter**	**béi**bisiteur
machine à écrire	**typewriter**	**taï**praïteur
secrétaire	**secretary**	**sè**kreutèri

Personnel hôtelier *Hotel personnel*

chasseur	**bellman**	**bèl**mæn
directeur	**manager**	**mæ**nidjeur
femme de chambre	**maid**	méid
portier	**bell captain**	bèl **kæp**teunn
réceptionniste	**receptionist**	ri**sèp**cheunist
serveur/serveuse	**waiter/waitress**	**ouéi**teur/**ouéi**treuss
téléphoniste	**switchboard operator**	**souitch**boord âpeuréiteur

Téléphone – Courrier *Telephone – Mail*

Pouvez-vous me passer le ... à Chicago?	**Could you get me Chicago ...?**	koud yoû guèt mi cheu**kââ**gôô
Y a-t-il un message pour moi?	**Are there any messages for me?**	ââr ðèr **è**ni **mè**ssidjeuz foor mi
Y a-t-il du courrier pour moi?	**Is there any mail for me?**	iz ðèr **è**ni méil foor mi
Avez-vous des timbres?	**Do you have any postage stamps?**	dou yoû hæv **è**ni **pôô**stidj stæmps
Pouvez-vous poster ceci, s.v.p.?	**Would you mail this for me, please?**	woud yoû méil ðiss foor mi pliiz
A combien se monte ma note de téléphone?	**How much are my telephone calls?**	haou meutch ââr maï **tè**leufôôn koolz

Difficultés *Difficulties*

Ma chambre n'a pas été faite.	**My room hasn't been prepared.**	maï roûm **hæ**zeunnt biin pri**pèrd**
Le/La ... ne fonctionne pas.	**The ... doesn't work.**	ðeu ... **deu**zeunnt oueûrk
chauffage	**heating**	**hii**tinng
climatisation	**air conditioning**	èr keunn**di**cheuninng
douche	**shower**	chaour
lampe	**lamp**	læmp
lumière	**light**	laït
radio	**radio**	**réi**dyôô
store	**blind**	blaïnd
téléphone	**telephone**	**tè**leufôôn
télévision	**TV**	ti-vi
Le robinet fuit.	**The faucet is dripping.**	ðeu **foo**sseut iz **dri**pinng
Il n'y a pas d'eau chaude.	**There's no hot water.**	ðerz nôô hât **ouoo**teur
Le lavabo est bouché.	**The sink is plugged.**	ðeu sinngk iz pleugd
La fenêtre/La porte/ le volet est bloqué(e).	**The window/The door/The shutter is jammed.**	ðeu **ouinn**dôô/ðeu door/ deu **cheu**teur iz djæmd

POSTE ET TÉLÉPHONE, voir page 132

Le rideau est coincé.	**The curtain is stuck.**	ðeu **keûr**teunn iz steuk
L'ampoule est grillée.	**The light bulb is burned out.**	ðeu laït beulb iz beûrnt aout
Le/La ... est cassé(e).	**The ... is broken.**	ðeu ... iz **brôô**keunn
fiche interrupteur prise de courant	**plug switch outlet**	pleug souitch **aout**lèt
Pouvez-vous le/la faire réparer?	**Can you get it repaired?**	kæn yoû guèt it ri**pèrd**

Blanchisserie – Teinturerie *Laundry – Dry cleaning*

Je voudrais faire ... ces vêtements.	**I'd like these clothes ...**	aïd laïk ðiiz klôôðz
laver nettoyer (à sec) repasser	**washed (dry-)cleaned ironed**	ouocht (draï)kliind aïrnd
Quand seront-ils prêts?	**When will they be ready?**	ouèn ouil ðéi bi **rè**di
J'en ai besoin ...	**I need them ...**	aï niid ðèm
aujourd'hui ce soir demain le plus vite possible avant vendredi	**today tonight tomorrow as soon as possible before Friday**	teu**déi** teu**naït** teu**mâ**rôô euz soûn euz **pâs**seubeul bi**foor fraï**di
Pouvez-vous coudre/ raccommoder ceci?	**Can you stitch/mend this?**	kæn yoû stitch/mènd ðiss
Pouvez-vous recoudre ce bouton?	**Can you sew on this button?**	kæn yoû sôô ân ðiss **beu**teunn
Pouvez-vous enlever cette tache?	**Can you get this stain out?**	kæn yoû guèt ðiss stéinn aout
Mon linge est-il prêt?	**Is my laundry ready?**	iz maï **loon**dri **rè**di
Ce n'est pas à moi.	**This isn't mine.**	ðiss **i**zeunnt maïn
Il me manque quelque chose.	**There's something missing.**	ðèrz **seum**θinng **mis**sinng
Il manque mon/ ma ...	**My ... is missing.**	mï ... iz **mis**sinng
Il y a un trou.	**There's a hole in this.**	ðèrz eu hôôl inn ðiss

JOURS DE LA SEMAINE, voir page 150

Coiffeur – Institut de beauté *Hairdresser – Beauty parlor*

Y a-t-il un coiffeur/ institut de beauté à l'hôtel?	**Is there a hair-dresser/beauty parlor in the hotel?**	iz ðèr eu **hèr**dresseur/ **byuô**ti **pââr**leur inn ðeu hôô**tèl**
Puis-je prendre rendez-vous pour vendredi?	**Can I have an appointment for Friday?**	kæn aï hæv eunn eu**poïnt**meunnt foor **fraï**di
Pour un shampooing-mise en plis, s.v.p.	**I'd like a wash and set.**	aïd laïk eu ouoch ænd sèt
brushing	**a blow-dry**	eu blôô draï
décoloration	**a bleach**	eu bliitch
fixatif	**some styling lotion**	seum **staï**linng **lôô**cheunn
gel	**some styling gel**	seum **staï**linng djèl
manucure	**a manicure**	eu **mæ**neukyoûr
masque de beauté	**a face pack**	eu féiss pæk
permanente	**a perm**	eu peûrm
shampooing colorant	**a color rinse**	eu **keu**leur rinnss
shampooing pour cheveux normaux/ secs/gras	**a shampoo for normal/dry/ oily hair**	eu chæm**pôô** foor **noor**meul/draï/ **oï**li hèr
teinture	**a dye**	eu daï
Avez-vous un nuancier?	**Do you have a color chart?**	dou yoû hæv eu **keu**leur tchâârt
Je ne veux pas de laque.	**I don't want any hair spray.**	aï dôônt ouoont **è**ni hèr spréi
Je voudrais une coupe, s.v.p.	**I'd like a haircut.**	aïd laïk eu **hèr**keut
La raie au milieu/ à droite/à gauche.	**The part in the middle/on the right/ on the left.**	ðeu pâârt inn ðeu **mi**deul/ân ðeu raït/ ân ðeu lèft
Avec une frange.	**With bangs, please.**	ouið bængz pliiz
Pas trop court.	**Don't cut it too short.**	dôônt keut it toû choort
Seulement les pointes, s.v.p.	**Just trim the ends, please.**	djeust trimm ði èndz pliiz
Coupez encore un peu ...	**A little more off the ...**	eu **li**teul moor of ðeu
derrière/dessus	**back/top**	bæk/tâp
sur les côtés/la nuque	**sides/neck**	saïdz/neck

JOURS DE LA SEMAINE, voir page 150

Pourriez-vous me raser, s.v.p.?	**I'd like a shave.**	aïd laïk eu chéiv
Pourriez-vous m'égaliser ...?	**Would you trim my ..., please?**	woud yoû trimm maï ... pliiz
la barbe les favoris la moustache	**beard** **sideburns** **moustache**	biird **saïd**beûrnz **meu**stæch
Mettez-moi une lotion, s.v.p.	**I'd like some hair lotion.**	aïd laïk seum hèr **lôô**cheunn

Départ *Checking out*

Je voudrais ma note, s.v.p.	**I'd like my bill, please.**	aïd laïk maï bil pliiz
Je pars tôt demain matin.	**I'm leaving early in the morning.**	aïm **lii**vinng **eûr**li inn ðeu **moor**ninng
Préparez ma note, s.v.p.	**Please, have my bill ready.**	pliiz hæv maï bil **rè**di
Nous partirons vers 11 heures.	**We'll be checking out around 11.**	ouiil bi **tchè**kinng aout eu**raoud** 11
Je dois partir immédiatement.	**I must leave at once.**	aï meust liiv æt oueunnss
Je paie comptant.	**I'll pay cash.**	aïl péi kæch
Je paie avec ma carte ...	**Please charge it to my ... card.**	pliiz tchââdj it tou maï ... kââd
Je crois qu'il y a une erreur dans le décompte.	**I think there's a mistake in the bill.**	aï θinngk ðèrz eu meu**stélk** inn ðeu bil
Pouvez-vous nous appeler un taxi?	**Can you get us a taxi?**	kæn yoû guèt euss eu **tæ**ksi
Pouvez-vous faire descendre nos bagages?	**Could you have our baggage brought down?**	koud yoû hæv aour **bæ**guidj broot daoun
Voici ma future adresse.	**Here's my forwarding address.**	hèrz maï **foor**oueurdinng æ**drèss**
Vous avez l'adresse de mon domicile	**You have my home address.**	yoû hæv maï hôôm æ**drèss**
Notre séjour a été très agréable.	**It's been a very enjoyable stay.**	its biin eu **vè**ri inn**djoï**eubeul stéi

POURBOIRES, voir 3ème page de couverture

Camping *Camping*

Pour camper aux Etats-Unis, il faut souvent être équipé d'un véhicule du type mobilehome (*camper*) ou caravane (*trailer*). Les terrains sont généralement de deux sortes: publics (dans les parcs nationaux, les parcs et forêts d'Etat) ou privés. Dans les parcs célèbres, il faut réserver parfois jusqu'à une année à l'avance, selon la saison. Il faut une autorisation spéciale pour faire du camping sauvage.

Y a-t-il un terrain de camping par ici?	**Is there a campsite nearby?**	iz ðèr eu **kæmp**saït niir**baï**
Pouvons-nous camper ici/sur votre terrain?	**Can we camp here/ on your ground?**	kæn oui kæmp hiir/ ân yoor graound
Avez-vous une place pour une tente/une caravane?	**Do you have room for a tent/a trailer?**	dou yoû hæv roûm foor eu tènt/eu **tréi**leur
Quel est le tarif ...?	**What's the rate ...**	ouâts ðeu réit
par jour	**per day**	peûr déi
par personne	**per person**	peûr **peûr**seunn
pour une voiture	**for a car**	foor eu kâår
pour une tente	**for a tent**	foor eu tènt
pour une caravane	**for a trailer**	foor eu **tréi**leur
Y a-t-il ...?	**Is there ...?**	iz ðèr
eau potable	**drinking water**	**drinng**kinng **ouoo**teur
électricité	**electricity**	ilek**tris**seuti
piscine	**a swimming pool**	eu **soui**minng poûl
place de jeux	**a playground**	eu **pléi**graound
restaurant/ cafeteria	**a restaurant/ a cafeteria**	eu **rès**teureunnt/eu kæfeu**tii**ryeu
Peut-on s'y approvisionner?	**Are there any shopping facilities?**	âår ðèr **èni** **châ**pinng feu**si**leutiz
Où sont les douches/toilettes?	**Where are the showers/restrooms?**	ouèr âår ðeu chaourz/ **rès**troûmz
Où puis-je acheter du gaz butane?	**Where can I get butane gas?**	ouèr kæn aï guèt **byoû**téinn gæss
Y a-t-il une auberge de jeunesse dans les environs?	**Is there a youth hostel nearby?**	iz ðèr eu yoûθ **hâ**steul niir**baï**

MATÉRIEL DE CAMPING, voir page 108

Restaurants

Il y a des restaurants pour tous les goûts et toutes les bourses. Vous pourrez donc aussi bien vous restaurer, confortablement installé, dans un restaurant de luxe au service stylé, que calmer votre fringale dans un de ces snack-bar où l'on mange debout. Vous trouverez aussi, comme partout, des «fast-food» et des self-service. Sur les axes routiers, il y a des chaînes de restaurants qu'on peut classer plus ou moins en trois grandes catégories: les *family restaurants* qui servent, pour un prix raisonnable, de copieux petits déjeuners; des *steak houses* (parfois self-service), spécialisés dans les repas de midi et du soir; enfin les *dinner houses*, établissements d'une classe un peu supérieure, ayant un certain cachet et offrant une nourriture abondante et de qualité.

Bar/Tavern (bâår/**tæ**veurn) — Offrent une nourriture simple et copieuse pour un prix modique.

Cafeteria (kæfeu**tii**ryeu) — Grand restaurant self-service offrant un bon rapport qualité-prix.

Coffee shop (**ko**fi châp) — Il y en a partout. En plus du café, on y sert souvent petits déjeuners, en-cas, et parfois même des repas complets à des prix avantageux.

Delicatessen (dèlikeu**tès**seunn) — Equivalents de nos traiteurs. Nombre de ces *delis* sont équipés d'un bar ou de petites tables permettant de consommer sur place. Tous offrent des *carry-out* ou *take-outs*: plats à emporter.

Diner (**daï**neur) — Restaurants simples, situés le long des routes.

Drive-in (draïv inn) — Les *drive-ins* qu'on connaît par les films des années cinquante et soixante existent encore dans bien des Etats (surtout en Floride, en Californie et au Texas). Un petit bâtiment se dresse au milieu d'un grand terrain. Le menu est affiché bien en évidence, offrant des casse-croûtes, des petits plats ou même des repas complets. Vous passez commande par un interphone et une serveuse vous apporte un plateau qu'elle fixe à la voiture.

Drive-through (thru) (draïv θrou)	Variantes des *drive-ins*, appartenant généralement aux grandes chaînes de «fast-food».
Restaurants (**rè**steureunnt)	Dans les grandes villes, il y a d'innombrables restaurants américains ou étrangers (*ethnic restaurants*). Toutes les cuisines du monde y sont représentées. Les restaurants français sont souvent chers, les chinois par contre sont parmi les moins coûteux.
Sandwich shop (**sæn**ouitch châp)	Spécialisés dans les plats à emporter (*take-outs*), ils ont quand-même quelques tables pour les clients désirant manger sur place.

Dans beaucoup de restaurants, il est d'usage d'attendre à l'entrée qu'on vous attribue une table.

En règle générale, le service est rapide et témoigne d'un grand savoir faire. Par contre l'atmosphère est moins agréable qu'en Europe. On ne peut pas s'attarder longtemps à table, en particulier dans les restaurants renommés et très fréquentés, car il y a toujours à l'entrée des personnes qui attendent qu'une place se libère.

Heures des repas *Mealtimes*

Petit déjeuner (*breakfast* – **brèk**feust): 7 à 11 heures;

Déjeuner (*lunch* ou *luncheon* – leunntch/**leunn**tcheunn): 11 à 13/14 heures.

Dîner (*dinner* ou *supper* – **di**neur/**seu**peur): 18 heures (parfois même dès 16 ou 17 heures) jusqu'à 21/22 heures (souvent même plus tard).

Le *brunch*, contraction des mots *breakfast* et *lunch*, consiste en un appétissant buffet de mets chauds et froids servis (le dimanche surtout) entre 11 et 15 heures.

N.B. De nombreux *coffee shops* et *diners* sont ouverts 24 heures sur 24.

La cuisine américaine *American cuisine*

Aux Etats-Unis, il y a autant de cuisines différentes que d'ethnies. Il existe, bien sûr, une certaine uniformité au niveau des menus quotidiens: steaks et pommes de terre, salades, tartes et glaces. Mais des plats aussi divers que *borscht, coq-au-vin, pizza, spaghetti, chop suey, chili con carne, gazpacho,* etc. figurent couramment sur la carte des restaurants américains.

Mais c'est sans doute dans le Sud qu'on trouve ce qu'il y a de plus typique dans la cuisine américaine. Elle est née, dans les premiers temps de la colonisation, du mariage des plats français, anglais et espagnols avec ceux des Indiens, auxquels est encore venu s'ajouter la saveur des plats cuisinés par les esclaves d'Afrique et des Antilles. Certains de ces plats sont devenus si «américains» qu'on les trouve pratiquement dans tout le pays.

Smoking or non-smoking?	Fumeur ou non-fumeur?
Hi! How're you today?	Bonjour! Comment ça va?
Would you like a drink?	Vous buvez quelque chose?
Today's specials are ...	Nos plats du jour sont ...
I recommend ...	Je vous conseille ...
Are you ready to order?	Avez-vous fait votre choix?
We don't have ...	Il n'y a pas de ...
Is everything fine?	Tout va bien?
Here's your check.	Voici l'addition.

Avez-vous faim? *Hungry?*

J'ai faim/soif.	**I'm hungry/thirsty.**	aïm **heunng**gri/**θeûr**sti
Pouvez-vous m'indiquer un bon restaurant?	**Can you recommend a good restaurant?**	kæn yoû rèkeu**mènd** eu goud **rés**teureunnt

Y a-t-il de bons restaurants à des prix raisonnables par ici?	**Are there any inexpensive restaurants around here?**	âar ðèr èni innik**spèn**siv **rè**steureunnts eu**raound** hiir
Je voudrais réserver une table pour 4.	**I'd like to reserve a table for 4.**	aïd laïk tou ri**zeûrv** eu **téi**beul foor 4
Pourrions-nous avoir une table ...?	**Could we have a table ...?**	koud oui hæv eu **téi**beul
dans un coin	**in the corner**	inn ðeu **koor**neur
près de la fenêtre	**by the window**	baï ðeu **ouinn**dôô
dehors	**outside**	**aout**saïd
sur la terrasse	**on the terrace**	ân ðeu **tè**reuss
dans le coin fumeurs/ non-fumeurs	**in the smoking/ no-smoking area**	inn ðeu **smôô**kinng/ nôô **smôô**kinng **è**ryeu
Nous viendrons à 8 h.	**We'll come at 8.**	ouiil keum æt 8

Questiones et commandes *Asking and ordering*

Garçon/Mademoiselle, s.v.p.	**Waiter/Waitress!**	**ouéi**teur/**ouéi**treuss
Je voudrais manger/ boire quelque chose.	**I'd like something to eat/drink.**	aïd laïk **seum**θinng tou iit/drinngk
Puis-je voir la carte, s.v.p.?	**Could I have the menu, please?**	koud aï hæv ðeu **mè**nyou pliiz
Avez-vous un menu du jour/des spécialités locales?	**Do you have complete dinners/local dishes?**	dou yoû hæv keum**pliit** **di**neurz/**lôô**keul **di**cheuz
Que conseillez-vous?	**What do you recommend?**	ouât dou yoû rèkeu**mènd**
Qu'est-ce que c'est?	**What's that?**	ouâts ðæt
Avez-vous des plats végétariens?	**Do you have vegetarian dishes?**	dou yoû hæv vèdjeu**tè**ryeunn **di**cheuz
Pourrions-nous avoir une assiette pour l'enfant?	**Could we have a plate for the child?**	koud oui hæv eu pléit foor ðeu tchaïld
Pouvez-vous nous apporter un/une ...?	**Could we have ..., please?**	koud oui hæv ... pliiz
assiette	**a plate**	eu pléit
cendrier	**an ashtray**	eunn **æch**tréi
couteau	**a knife**	eu naïf

cuillère	**a spoon**	eu spoûn
fourchette	**a fork**	eu foork
paille	**a straw**	eu stroo
serviette	**a napkin**	eu **næp**keunn
tasse/verre	**a cup/a glass**	eu keup/eu glæss
Je voudrais ...	**I'd like some ...**	aïd laïk seum
pain/beurre	**bread/butter**	brèd/**beu**teur
huile/vinaigre	**oil/vinegar**	oïl/**vi**nigueur
moutarde	**mustard**	**meu**steurd
sel/poivre	**salt/pepper**	soolt/**pè**peur
Puis-je avoir encore un peu de ...?	**Can I have some more ...?**	kæn aï hæv seum moor
Plus rien, merci.	**Nothing more, thanks.**	**neu**θionng moor θæng(k)s

Régime *Diet*

Je suis au régime.	**I'm on a diet.**	aïm ân eu daït
Je dois éviter les plats contenant ...	**I mustn't eat/drink anything containing ...**	aï **meus**seunnt iit/drinngk ènіθinng keunn**téi**ning
alcool	**alcohol**	**æl**keuhol
farine/graisse	**flour/fat**	flaour/fæt
sel/sucre	**salt/sugar**	soolt/**chou**gueur
Avez-vous des plats pauvres en graisse/en cholestérol?	**Do you have any low-fat/low-cholesterol dishes?**	dou yoû hæv **è**ni lôô fæt/lôô keu**lè**steurol **di**cheuz
Avez-vous un/des ... pour diabétiques?	**Do you have ... for diabetics?**	dou yoû hæv ... foor daï**bè**tiks
gâteaux	**cakes**	**kéiks**
jus de fruits	**fruit juice**	froût djoûss
menu spécial	**a special menu**	eu **spè**cheul **mè**nyou
Pourrais-je avoir ... à la place du dessert?	**Could I have ... instead of dessert?**	koud aï hæv ... inn**stèd** euv di**zeûrt**

Petit déjeuner *Breakfast*

Le petit déjeuner est rarement compris dans le prix de la chambre et beaucoup d'hôtels n'en servent pas. Par contre il y a partout des *coffee shops, cafeterias* et des petits restaurants qui offrent des petits déjeuners variés et copieux: jus de fruits et de légumes, céréales, œufs au plat ou brouillés accompagnés de lard ou de saucisses. Si votre préférence va vers les plats sucrés, il y a des toasts avec beurre et confiture, un choix de pâtisseries, sans oublier les gaufres et les crêpes avec du sirop d'érable. Le tout est arrosé de café très clair mais servi en abondance. Le *Continental breakfast*, moins riche, figure parfois aussi sur la carte.

J'aimerais un petit déjeuner, s.v.p.	**I'd like breakfast, please.**	aïd laïk **brèk**feust pliiz
J'aimerais un/du ...	**I'd like ...**	aïd laïk
café	**coffee**	**ko**fi
au lait/crème	**with milk/cream**	ouið milk/kriim
décaféiné	**decaffeinated**	di**kæ**feunéiteud
noir	**black**	blæk
chocolat (chaud)	**(hot) chocolate**	(hât) **tchâk**leut
jus d'orange	**orange juice**	ârinndj djoûss
lait (chaud/froid)	**(hot/cold) milk**	(hât/kôôld) milk
thé	**tea**	tii
au lait/citron	**with milk/lemon**	ouið milk/**lè**meunn
beurre	**butter**	**beu**teur
céréales	**cereals**	**si**ryeulz
confiture	**jelly**	**djè**li
crêpes	**pancakes**	**pæn**kéiks
avec du sirop d'érable	**with maple syrup**	ouið **méi**peul **seu**reup
fromage	**cheese**	tchiiz
miel	**honey**	**heu**ni
œufs	**eggs**	ègz
à la coque	**a boiled egg**	eu boild èg
au jambon	**ham and eggs**	hæm ænd ègz
au lard	**bacon and eggs**	**béi**keunn ænd ègz
au plat	**fried eggs***	fraïd ègz
brouillés	**scrambled eggs**	**skræm**beuld ègz
durs	**hard-boiled eggs**	hâârd boïld ègz
pain	**some bread**	seum brèd
petits pains	**some rolls**	seum rôôlz
toast	**toast**	tôôst
eau (chaude)	**(hot) water**	(hât) **ouoo**teur
sel/poivre	**salt/pepper**	soolt/**pè**peur
sucre/édulcorant	**sugar/sweetener**	**chou**gueur/**souiit**neur

---

* Vous aurez le choix entre l'œuf au plat habituel *sunny side up* (**seu**ni saïd eup), ou *over easy* (**ôô**veur **ii**zi), cuit des deux côtés.

Qu'y a-t-il au menu? *What's on the menu?*

Nous avons divisé ce chapitre en suivant l'ordre habituel des plats. Sous chaque rubrique, vous trouverez une liste alphabétique des plats avec leur traduction française. En cas de besoin, vous pourrez montrer votre livre au garçon qui saura vous indiquer quels sont les mets servis dans son établissement. Les phrases et tournures usuelles se trouvent en pages 35 à 37 et les expressions en rapport avec l'addition et d'éventuelles réclamations en pages 61 et 62.

Lorsqu'un plat est accompagné de la mention *special*, cela désigne habituellement le plat du jour ou un plat à prix avantageux. Les restaurants plus chics donnent à leur plat du jour le nom de *table d'hôte*.

Pour lire la carte *Reading the menu*

Today's specials	Plats du jour
Soup of the day	Soupe du jour
Dinner for two	Plat pour 2 personnes
Cooked/Grilled to (your) order/taste/liking	Préparés selon vos goûts (viandes)
Homemade	Fait maison
Priced daily/Priced accordingly	Prix au cours du jour/de la saison
Served with . . .	Garnis de . . .
Your choice/Choose between . . .	Au choix
When in season	En saison
Unlimited visits to salad bar	Salades «à gogo»
Minimum charge $. . .*	Consommation minimale . . .$

appetizers	æpeutaïzeurz	hors d'œuvre/entrées
beer	biir	bière
beverages	**bèv**ridjeuz	boissons
burgers	**beûr**gueurz	hamburger
chicken	**tchi**keunn	poulet
dessert	di**zeûrt**	dessert
egg dishes	èg **di**cheuz	plats aux œufs
entrees	**ân**tréiz	plat principal
fish	fich	poisson
fruit	froût	fruits
game	guéim	gibier
ice cream	aïss kriim	glace
pasta	**pâ**steu	pâtes
poultry	**pôôl**tri	volaille
salads	**sæ**leudz	salades
seafood	**sii**foûd	fruits de mer
snacks	snæks	«en-cas»
soups	soûps	soupes
vegetables	**vèdj**teubeulz	légumes
wine	ouaïn	vin

* Dans certains établissements (généralement entre 12 et 15 heures) une consommation minimum est exigée.

Hors d'œuvre – Entrées *Appetizers*

Je voudrais une entrée, s.v.p.	**I'd like an appetizer.**	aïd laïk eunn **æ**peutaïzeur
artichoke (hearts)	**ââr**titchôôk (hâârts)	(cœurs d')artichauts
(steamed) asparagus (tips)	(stiimd) eu**spær**eu-gueuss (tips)	(pointes d')asperges (à la vapeur)
avocado (salad)	æveu**kââ**dôô (**sæ**leud)	(salade d')avocat
canapés	**kæ**neupiz	canapés
caviar	**kæ**vyâår	caviar
chicken wings	**tchi**keunn ouinngz	ailes de poulet
cold cuts	kôôld keuts	charcuterie
crab cocktail	kræb **kâk**téil	cocktail de crabe
devilled eggs	**dè**veuld ègz	œufs à la diable
fruit cocktail	froût **kâk**téil	salade de fruits
fruit juice	froût djoûss	jus de fruits
ham	hæm	jambon
herring	**hè**rinng	hareng
marinated	**mæ**reunéiteud	marine
smoked	smôôkt	fumé
lobster tail	**lâb**steur téil	queue de homard
lox	lâks	saumon fumé
meatballs	**miit**boolz	croquettes de viande
(fried/stuffed) mushrooms	(fraïd/steuft) **meuch**roûmz	champignons (frits/farcis)
(marinated) mussels	(**mæ**reunéiteud) **meus**seulz	moules (marinées)
olives	**â**livz	olives
onion rings	**eu**nyeunn rinngz	rouelles d'oignons frits
oysters	**oï**steurz	huîtres
(smoked) salmon	(smôôkt) **sæ**meunn	saumon (fumé)
sardines	sâår**diinz**	sardines
shrimp cocktail	chrimmp **kâk**téil	cocktail de crevettes
snails/escargots	snéilz/eskâår**gôôz**	escargots
(pickled) tongue	(**pi**keuld) teunng	langue (en saumure)
tuna (pâté/salad)	**tyoû**neu (pæ**téi**/ **sæ**leud)	thon (en pâté/ salade)
(fried) zucchini	(fraïd) zou**kii**ni	courgettes (frites)

potato skins (peu**téi**tôo skinnz) pelures de pommes de terre frites servies avec une garniture au choix (lard, fromage, piment, crème aigre, etc.)

quesados (keu**sââ**dôôz) petits sandwiches en forme de tortillas avec de la crème aigre, *guacamole* (purée d'avocat) et fromage

Salades *Salads*

La salade est servie généralement avant le plat principal. Bien des restaurants offrent un appétissant et abondant buffet de salades self-service. Les sauces à salade (*dressing* – **drè**ssinng) les plus courantes sont: *French* (frèntch – crémeuse au goût de tomate), *Thousand Islands* (**θaou**zeunn **aï**leunndz – mayonnaise, sauce piment, persil, oignons et poivrons finement hâchés), *Russian* (**reu**cheunn – mayonnaise, sauce piment et oignons), *Italian* (i**tæ**lyeunn – huile, vinaigre, ail et fines herbes) et enfin *roquefort* (**rôôk**feurt) ou *blue cheese* (bloû tchiiz).

Quelles sortes de salades avez-vous?	**What salads do you have?**	ouât **sæ**leudz dou yoû hæv
chef's salad	chèfs **sæ**leud	salade maison ou du chef: jambon, poulet, fromage, œuf, tomates
coleslaw	**kôôl**sloo	salade de chou cru
cucumber salad	**kyoû**keumbeur **sæ**leud	salade de concombre
green salad	griin **sæ**leud	salade verte
mixed salad	mikst **sæ**leud	salade composée
pasta salad	**pâ**steu **sæ**leud	mélange de pâtes, viande, fromage et légumes
potato salad	peu**téi**tôô **sæ**leud	salade de pommes de terre

Caesar salad (**sii**zeur **sæ**leud) — salade verte (en général *romaine lettuce*), dés de pain rôti, ail et anchois, arrosés d'une sauce à l'œuf cru, huile, vinaigre et parmesan râpé

salmagundi (sælmeu**gueunn**di) — légumes finement émincés, viande (poulet ou jambon), anchois, œufs durs, arrosés en général d'huile et de vinaigre

spinach salad (**spi**nitch **sæ**leud) — feuilles d'épinards crus accompagnées de champignons et de lard grillé dans une sauce huile-vinaigre ou lard fondu chaud

Waldorf salad (**ouool**doorf **sæ**leud) — dés de pommes et de céleris sur feuilles de salade pommés, cerneaux de noix et raisins secs dans une sauce mayonnaise relevée de jus de citron

Soupes et plats uniques *Soups and stews*

Je voudrais une soupe.	**I'd like some soup.**	aïd laïk seum soûp
Que nous conseillez-vous?	**What do you recommend?**	ouât dou yoû rèkeu**mènd**
(navy) bean soup	(**néi**vi) biin soûp	soupe aux haricots
beef consommé	biif kânseu**méi**	bouillon de bœuf
chicken consommé	**tchi**keunn kânseu**méi**	bouillon de poule
clam chowder	klæm **tchaou**deur	soupe épaisse aux moules
Manhattan	mæn**hæ**teunn	avec tomates
New England	nyoû **inng**leunnd	avec pommes de terre
conch chowder	kângk **tchaou**deur	soupe aux moules
crab soup	kræb soûp	soupe au crabe
crayfish bisque	**kréi**fich bisk	bisque d'écrevisses
cream of artichoke soup	kriim euv **ââr**titchôôk soûp	crème d'artichauts
cream of celery soup	kriim euv **sè**leuri soûp	crème de céleri
cream of mushroom soup	kriim euv **meuch**roûm soûp	crème de champignons
cream of potato soup	kriim euv peu**téi**tôô soûp	soupe aux pommes de terre
(French) onion soup	(frèntch) **eu**nyeunn soûp	soupe aux oignons (à la française)
oxtail soup	**âks**téil soûp	potage à la queue de bœuf
pumpkin bisque	**peunng**keunn bisk	soupe à la courge
soups of the day	soûp euv ðou déi	soupe du jour
split-pea soup	split pii soûp	soupe aux petits pois
tomato soup	teu**méi**tôô soûp	soupe à la tomate
turtle soup	**teûr**teul soûp	soupe à la tortue
vegetable beef soup	**vèdj**teubeul biff soûp	bouillon de bœuf avec légumes

chili con carne (**tchi**li kân **kââr**ni) plat unique composé de haricots rouges, bœuf hâché, oignons et piments (très relevé)

Louisiana gumbo (louizi**æ**neu **gueum**bôô) soupe épaisse composée d'une purée de tomate très poivrée, d'okra, d'huîtres, de crevettes et de crabes; on y ajoute du riz au moment de servir

vichyssoise (vichi**souââz**) potage froid fait de poireaux ou d'oignons en purée avec des pommes de terre et de la crème

Poissons et coquillages *Fish and shellfish*

Un pays comptant 12 000 miles de côte ne peut qu'abonder en poissons, coquillages et fruits de mer. A goûter tout particulièrement: le saumon frais, le tendre flétan ou le thon si précieux pour les pêcheurs de la côte Pacifique. Quant aux poissons d'eau douce, ils proviennent pour la plupart d'élevages.

Je voudrais du poisson.	**I'd like fish.**	aïd laïk fich
Quelle sorte de fruits de mer avez-vous?	**What kinds of seafood do you have?**	ouât kaïndz euv **sii**foûd dou yoû hæv

abalone	æbeu**lôô**ni	ormeau
bass	bæss	perche
sea bass	sii bæss	bar
striped bass	straïpt bæss	bar rayé
bluefish	**bloû**fich	sorte de perche de mer
carp	kâârp	carpe
catfish	**kæt**fich	silure
clams	klæmz	palourdes
cod	kâd	cabillaud
crab	kræb	crabe
crayfish, crawfish	**kréi**fich, **kroo**fich	écrevisse
eel	iil	anguille
flounder	**flaoun**deur	flet
grayling	**gréi**linng	ombre
haddock	**hæ**deuk	aiglefin
halibut	**hæ**libeut	flétan
herring	**hè**rinng	hareng
lobster	**lâb**steur	homard
mackerel	**mæk**reul	maquereau
(red) mullet	(rèd) **meu**leut	rouget
mussels	**meus**seulz	moules
oysters	**oï**steurz	huîtres
perch	peûrtch	perche
pike	païk	brochet
plaice	pléiss	plie
red snapper	rèd **snæ**peur	sorte de perche
roe	rôô	œufs de poissons
salmon	**sæ**meunn	saumon
sardines	sââr**diinz**	sardines
scallops	**skæ**leups	coquilles Saint-Jacques

scampi	**skæm**pi	scampi
shrimp	chrimmp	petites crevettes
smelt	smèlt	éperlan
sole	sôôl	sole
squid	skouid	poulpe
swordfish	**soord**fich	espadon
trout	traout	truite
tuna	**tyoû**neu	thon
turbot	**teûr**beut	turbot

cru	**raw**	roo
cuit (au four)	**baked**	béikt
cuit (à la vapeur)	**steamed**	stiimd
farci	**stuffed**	steuft
frit	**deep fried**	diip fraïd
fumé	**smoked**	smôôkt
grillé	**grilled, broiled**	grild, broïld
sur feu de bois	**barbecued**	**bââr**bikyoûd
mariné	**marinated**	**mæ**reunéiteud
mijoté	**stewed, braised**	styoûd, bréizd
pochè	**poached**	pôôtcht
rôti	**fried**	fraïd

Spécialités de fruits de mer *Seafood specialities*

Sur la carte, vous trouverez certains noms exotiques comme *bluepoint oysters* (**bloû**poïnt **oï**steurz – sorte d'huîtres), *Bay scallops* (béi **skæ**leups – coquilles Saint-Jacques), *cherrystone clams (***tchè**ristôôn klæmz – petits coquillages) et *Dungeness crab* (**deun**yeunèss kræb – sorte de crabe) désignant des plats qui valent la peine d'être goûtés, de même que les spécialités ci-dessous:

cioppino (tcheu**pi**nôô) plat unique fait d'un mélange de poissons, de coquillages, de tomates et d'herbes aromatiques (spécialité de San Francisco, assez semblable à la bouillabaisse)

jambalaya (djeumbeu**laï**eu) plat de la Nouvelle-Orléans: mélange de riz, de crevettes ou d'huîtres avec du jambon, de la saucisse, du poulet dans un bouillon relevé d'ail, d'oignons, de poivrons verts, de tomates et de vin

Viandes *Meat*

Les Américains aiment particulièrement la viande cuite au grill ou au feu de bois. Il y a même des restaurants – les *steak houses* (stéik **haou**zeuz) – qui ne servent que des steaks, apprêtés de toutes les façons possibles. Il est diffcile de comparer valablement ces grillades aux nôtres, la viande étant débitée de façon très différente. *Club, rib-eye, T-bone, porterhouse* et *sirloin* désignent certaines parties du bœuf dans lesquelles la grillade a été prélevée. Généralement, c'est le prix qui peut donné une indication de la qualité de la viande. Les meilleures sont souvent accompagnées des adjectifs *prime, aged* ou *choice*.

Je voudrais ...	**I'd like some ...**	aïd laïk seum
agneau	**lamb**	læm
bœuf	**beef**	biif
mouton	**mutton**	**meu**teunn
porc	**pork**	poork
veau	**veal**	viil

bacon	**béi**keunn	lard
beef pie	biif paï	croustade de bœuf
beef sirloin tip roast	biif **seûr**loïn tip rôôst	rôti de bœuf (pointe d'aloyau)
breast	brèst	poitrine
brisket	**bris**keut	morceau de poitrine
burger	**beûr**gueur	hamburger
chitterlings	**tchit**leunnz	tripes de porc
chop	tchâp	côtelette
corned beef	koornd biif	corned beef
cutlet	**keut**leut	côtelette
ground meat	graound miit	viande hachée
ham	hæm	jambon
baked/boiled	béikt/boïld	rôti/cuit
cured/smoked	kyoûrd/smôôkt	salé/fumé
heart	hâârt	cœur
kidneys	**kid**niz	rognons
lamb shanks	læm chæng(k)s	gigot d'agneau
(calf's) liver	(kæfs) **li**veur	foie (de veau)
meatballs	**miit**boolz	croquettes de viande
meat loaf	miit lôôf	rôti haché
oxtail	**âks**téil	queue de bœuf
pork hocks	poork hâks	jarrets de porc

pot roast	pât rôôst	rôti braisé
ribs	ribz	côtes
roast beef	rôôst biif	rôti de bœuf/rosbif
sausage	**sos**sidj	saucisse
shank	chængk	jarret
shoulder	**chôôl**deur	épaule
sirloin	**seûr**loïn	aloyau/faux-filet
spareribs	**spè**ribz	côtes de porc
sweetbreads	**souiit**brèdz	ris de veau
tenderloin	**tèn**deurloïn	filet de bœuf ou porc
tongue	teunng	langue
tripe	traïp	tripes

braisé	**braised**	bréizd
cuit à la vapeur	**steamed**	stiimd
farci	**stuffed**	steuft
frit	**fried**	fraïd
grillé	**grilled, broiled**	grild, broïld
sur feu de bois	**barbecued**	**bââr**bikyoûd
haché	**ground**	graound
lardé	**larded**	**lââr**deud
en ragoût	**stewed**	styoûd
en rôti	**roast**	rôôst
rôti au four	**baked**	béikt
saignant	**rare**	rèr
à point	**medium**	**mii**dyeum
bien cuite	**well done**	ouèl deunn

Quelques plats typiques *Typical meat dishes*

barbecued spareribs (**bââr**bikyoûd **spè**ribz) côtes de porc découpées, passées au four après avoir mariné dans une sauce tomate très relevée

London broil (**leunn**deunn broïl) morceau de bœuf de premier choix grillé puis découpé en fines tranches, souvent servi avec des champignons

Swiss steak (Souiss stéik) tranches de bœuf mijotées avec des tomates et des oignons

Virginia baked ham (Veur**dji**nyeu béikt hæm) jambon garni de clous de girofle, de cerises et de tranches d'ananas, rôti au four et arrosé d'une sauce aigre-douce

Volailles et gibier *Poultry and game*

Je voudrais du gibier.	**I'd like some game.**	aïd laïk seum guéim
Quels plats de volaille servez-vous?	**What poultry dishes do you serve?**	ouât **pôôl**tri **di**cheuz dou yoû seûrv

capon	**kéi**pân	chapon
chicken	**tchi**keunn	poulet
breast	brèst	blanc
cutlets	**keut**leuts	escalope
half	hæf	demi
livers	**li**veurz	foies
pie	paï	croustade
whole	hôôl	entier
deer	diir	cerf
duck	deuk	canard
duckling	**deuk**linng	caneton
goose	goûss	oie
guinea hen	**gui**ni hèn	pintade
hare	hèr	lièvre
moose	moûss	élan américain
pheasant	**fè**zeunnt	faisan
quail	kouéil	caille
rabbit	**ræ**beut	lapin
turkey	**teûr**ki	dinde
venison	**vè**neusseunn	chevreuil
wild duck	ouaïld deuk	canard sauvage

Long Island duckling (lonng **aï**leunnd **deuk**linng) petit canard élevé dans l'Etat de New York. La façon la plus savoureuse de l'apprêter consiste à le rôtir puis à le mijoter dans une sauce à l'orange.

roast turkey with pecan stuffing (rôôst **teûr**ki ouið pi**kæn steu**finng) plat traditionnel du *Thanksgiving Day* (fêté le 4ème jeudi de novembre); c'est une dinde farcie d'un mélange de noix de pécan, de céleri, d'oignons et de mie de pain, souvent servie avec une sauce, de la confiture d'airelles et des légumes

Rock Cornish hen (râk **koor**nich hèn) poularde élevée pour ses blancs particulièrement savoureux

Southern fried chicken (**seu**ðeurn fraïd **tchi**keunn) spécialité de poulet frit très croustillant

Hamburgers *Burgers*

Les hamburgers sous toutes les formes possibles et imaginables ont toujours la côte aux Etats-Unis. L'ancêtre du *hamburger* aurait été importé en 1904 par des immigrants allemands, à l'occasion d'une exposition à Saint-Louis. Au restaurant, le hamburger apprêté à votre goût est souvent accompagné de frites, de feuilles de salade pommée, de tomates et de cornichons. Mais il y a d'autres garnitures au choix telles que du lard grillé, du fromage, des champignons, des rouelles d'oignon, etc. Ci-dessous, deux classiques:

Big Apple bagel burger
(big æpeul **bé**lgueul **beû**rgueur)
feuilles de salade, salade de chou, cornichons avec *Russian dressing* (mayonnaise, sauce chili et oignon) dans un *bagel* (petit pain en couronne)

Surf and turf
(seûrfn teûrf)
crevettes et dés d'avocat dans une sauce à la crème sur une tranche de pain souvent garnie de tranches d'orange et de pamplemousse

Sandwiches *Sandwiches*

En commandant des sandwiches, il vous faudra préciser quelle sorte de pain vous voulez: *white* (blanc), *rye* (seigle), *whole-wheat* (complet), *pumpernickel* ou *roll* (petit pain). Les sandwiches chauds sont souvent garnis de frites et de salade.

BLT
(bi-él-**ti**)
lard rôti, salade pommée et tomates (*Bacon, Lettuce, Tomato*) avec mayonnaise

club
(kleub)
sandwich à trois couches: salade, tomates, poulet, lard et mayonnaise

pastrami
(peus**trââ**mi)
fines tranches de bœuf fumé bien épicé, avec des feuilles de salade, servi chaud ou froid dans un petit pain

pita
(piteu)
poulet, tomates, avocat, feuilles de salade et oignon, arrosés de jus de citron et d'huile d'olive sur une galette de pain sans levain (*pita*); chaud ou froid

Reuben
(**roû**beunn)
viande de bœuf salé avec de la choucroute et du fromage, servie chaude entre deux tranches de pain de seigle

Légumes *Vegetables*

Quels légumes avez-vous?	**What vegetables do you have?**	ouât **vèdj**teubeulz dou yoû hæv
artichokes (bottoms/ hearts)	**ââr**titchôôks (**bâ**teumz/**hââr**tzs)	artichauts (fonds/ cœurs)
asparagus (tips)	eu**spæ**reugueuss (tips)	(pointes d')asperges
avocado	æveu**kââ**dôô	avocat
beans	biinz	haricots
green beans	griin biinz	verts
kidney beans	**kid**ni biinz	soissons
lima beans	laï**meu biinz**	de Lima
wax beans	ouæks biinz	beurrés
beets	biitz	betterave rouge
broccoli	**brâ**keuli	broccoli
Brussels sprouts	**breus**seulz spraouts	choux de Bruxelles
cabbage	**kæ**bidj	chou
carrots	**kæ**reuts	carottes
cauliflower	**koo**liflaour	chou-fleur
celery	**sè**leuri	céleri
chestnuts	**tchès**sneuts	marrons/châtaignes
chicory	**tchi**keuri	endive
chili	**tchi**li	piment
corn	koorn	maïs
cucumber	**kyoû**keumbeur	concombre
eggplant	**èg**plænt	aubergine
fennel	**fè**neul	fenouil
leeks	liiks	poireaux
lentils	**lèn**teulz	lentilles
lettuce	**lè**teuss	laitue
mushrooms	**meuch**roûmz	champignons
okra	**ôô**kreu	okra, gombo
onions	**eu**nyeunnz	oignons
peas	piiz	petits pois
(sweet) peppers	(souiit) **pè**peurz	poivrons
green/red	griin/rèd	verts/rouges
potatoes	peu**téi**tôôz	pommes de terre
radishes	**ræ**dicheuz	radis
rutabaga	routeu**béi**gueu	rutabaga (sorte de navet)
spinach	**spi**nitch	épinards
squash	skouâch	courge
sweet potatoes	souiit peu**téi**tôôz	patates douces
tomatoes	teu**méi**tôôz	tomates
turnips	**teûr**nips	navets
zucchini	zou**kii**ni	courgettes

corn on the cob (koorn ân ðeu kâb)	épis de maïs chauds, salés et enduits de beurre, mangés avec les doigts
guacamole (**gouâ**keumôô**li**)	purée d'avocat bien assaisonnée
succotash (**seu**keutæch)	plat indien composé d'un mélange de haricots de Lima et de grains de maïs

bouillis	**boiled (cooked)**	boïld (koukt)
étuvés	**steamed**	stiimd
en dés	**diced**	daïst
farcis	**stuffed**	steuft
frits	**fried**	fraïd
en purée	**creamed**	kriimd
au vinaigre	**pickled**	**pi**keuld

Epices et fines herbes *Spices and herbs*

basil	**bæ**zeul	basilic
bay leaves	béi liivz	laurier
capers	**kéi**peurz	câpres
caraway	**kæ**reuouéi	cumin
chives	tchaïvz	ciboulette
cinnamon	**si**neumeunn	cannelle
dill	dil	aneth
garlic	**gââr**lik	ail
ginger	**djinn**djeur	gingembre
horseradish	**hoors**rædich	ralfort
mint	minnt	menthe
parsley	**pââr**sll	persil
pepper	**pè**peur	poivre
rosemary	**rôôz**mèri	romarin
sage	séidj	sauge
thyme	taim	thym
watercress	**ouoo**teurkrèss	cresson de fontaine

Sauces *Sauces*

apple sauce	**æ**peul sooss	purée de pomme
cranberry sauce	**kræn**bèri sooss	gelée (confiture) de caneberges
gravy	**gréi**vi	jus/sauce de viande
mushroom sauce	**meuch**roûm sooss	sauce aux champignons
peanut sauce	**pii**neut sooss	sauce aux cacahuètes

tartar sauce	**tââr**teur soos	sauce tartare
Welsh rabbit (rarebit) sauce	ouèlch **ræ**beut (**rè**rbeut) sooss	épaisse sauce au fromage

Pommes de terre, riz, pâtes *Potatoes, rice, pasta*

(French) fries	(frèntch) fraïz	(pommes) frites
hash browns	hæch braounz	pommes de terre râpées et rôties
noodles	**noû**deulz	nouilles
potatoes	peu**téi**tôôz	pommes de terre
baked	béikt	rôties
fried	fraïd	frites ou rôties
mashed	mæcht	en purée
oven roasted	**eu**veunn **rôô**steud	cuites au four
potato chips	peu**téi**tôô tchips	chips
potato salad	peu**téi**tôô **sæ**leud	salade de pommes de terre
rice	raïss	riz
brown	braoun	brun
cooked	koukt	créole
fried	fraïd	rôti, frit
wild	ouaïld	sauvage

Omelettes *Omelets*

ham	hæm	au jambon
herb (fines herbes)	(h)eurb (finn**zè**rb)	aux fines herbes
mushroom	**meuch**roûm	aux champignons
onion	**eu**nyeunn	aux oignons
plain	pléinn	nature
Western	**ouè**steurn	aux poivrons verts, jambon et oignons

Fromages *Cheese*

Dans un repas américain, le fromage, n'a pas la place qu'il tient dans un repas français. On s'en sert surtout comme ingrédient pour la préparation de différents plats. Le fromage américain ressemble au *Cheddar* anglais, au *Gouda* hollandais ou à l'*Emmenthal* suisse et il est souvent utilisé pour gratiner les hamburgers ou les sandwiches. Le *cream cheese* (fromage double-crème) sert à la préparation des mets les plus divers. On importe aussi beaucoup de fromages d'Europe.

Fruits *Fruit*

Avez-vous des fruits frais?	**Do you have any fresh fruit?**	dou yoû hæv **è**ni frèch froût
J'aimerais une salade de fruits.	**I'd like a fruit salad.**	aïd laïk eu froût **sæ**leud
almonds	**ââ**meunndz	amandes
apple	**æ**peul	pomme
apricots	**æ**preukâts	abricots
banana	beu**næ**neu	banane
blackberries	**blæk**bèriz	mûres
black currants	blæk **keu**reunnts	cassis
blueberries	**bloû**bèriz	myrtilles
cherries	**tchè**riz	cerises
chestnuts	**tchèss**neuts	châtaignes
coconut	**kôô**keuneut	noix de coco
cranberries	**kræn**bèriz	sorte d'airelles
dates	déits	dattes
figs	figz	figues
gooseberries	**goûss**bèriz	groseilles à maquereau
grapefruit	**gréip**froût	pamplemousse
grapes	gréips	raisins
huckleberries	**heu**keulbèriz	airelles
lemon	**lè**meunn	citron
lime	laïm	citron vert
mandarin	**mæn**deureunn	mandarine
melon	**mè**leunn	melon
mulberries	**meul**bèriz	mûres
nuts	neuts	noix
orange	**â**rinndj	orange
peach	piitch	pêche
peanuts	**pii**neuts	cacahuètes
pear	pèr	poire
pecans	pi**kænz**	noix de pécan
pineapple	**païn**æpeul	ananas
plums	pleumz	prunes
prunes	proûnz	pruneaux
raisins	**réi**zeunnz	raisins secs
raspberries	**ræz**bèriz	framboises
red currants	rèd **keu**reunnts	groseilles rouges
rhubarb	**roû**bâârb	rhubarbe
strawberries	**stroo**bèriz	fraises
tangerine	**tæn**djeurinn	(sorte de) mandarine
watermelon	**ouoo**teurmèleunn	pastèque

Desserts *Desserts*

Les Américains sont friands de *pies*, gâteaux et glaces. Le *pie* est une sorte de tarte aux fruits ou à la crème dont la pâte est posée dessous *et* dessus. Le *pie* ou le gâteau peut être commandé nature ou *à la mode*, c'est-à-dire garni de glace vanille.

Je voudrais un dessert, s.v.p.	**I'd like a dessert, please.**	aïd laïk eu di**zeûrt** pliiz
Avez-vous une spécialité?	**Do you have any dessert specials?**	dou yoû hæv **è**ni di**zeûrt** **spè**cheulz
Quelque chose de léger, s.v.p.	**Something light, please.**	**seum**θinng laït pliiz
Je voudrais goûter ...	**I'd like to try ...**	aïd laïk tou traï
Rien qu'une petite portion.	**Just a small portion.**	djeust eu smool **poor**cheunn
Plus rien, merci.	**Nothing more, thanks.**	**neu**θinng moor θæng(k)s

Quelques desserts particulièrement appréciés:

angel food cake (**éinn**djeul foûd kéik)	gâteau très léger fait de blancs d'œuf et de sucre cuit dans un moule à soufflé
apple pie (**æ**peul paï)	la très populaire tarte aux pommes que vous pourrez déguster nature, *à la mode* (avec glace vanille) ou garnie d'une tranche de fromage
baked Alaska pie (béikt eu**læ**skeu paï)	glace à la vanille et aux framboises sur fond de biscuit, recouverte de blancs d'œuf battus et passé au four
Boston cream pie (**bo**steunn kriim paï)	gâteau fourré de crème patissière et couvert d'un glaçage au chocolat
brownies (**braou**niz)	gâteau très riche au chocolat et aux noix, découpé en morceaux carrés
carrot cake (**kæ**reut kéik)	gâteau aux carottes, couvert d'un glaçage au fromage double crème
cheesecake (**tchiiz**kéik)	gâteau à base de fromage à la crème, d'œufs et de sucre
fudge (feudj)	un très nourrissant mélange de gâteau au chocolat et de mousse au chocolat

Indian pudding (**inn**dyeunn **pou**dinng) — mélange de mélasse, de farine de maïs pas trop finement moulue et d'épices, particulièrement apprécié en Nouvelle Angleterre

orange cake (ârinndk kéik) — tourte à l'orange, spécialité de la Floride

pudding (**pou**dinng) — différentes variantes à base de chocolat, de fruits ou de riz

pumpkin pie (**peunng**keunn paï) — tarte à la citrouille, servie généralement lors de la fête du *Thanksgiving*

sherbet (**cheûr**beut) — sorbet aux fruits; les plus courants sont parfumés au melon, au citron, a l'orange ou à l'ananas

strawberry shortcake (**stroo**bèri **choort**kéik) — tourte aux fraises garnie de crème fouettée (*whipped cream*)

sundae (**seunn**di) — coupe glacée avec du sirop et/ou des fruits, des noix et de la crème fouettée

soda (**sôô**deu) — un mélange d'eau gazeuse et de glace, servi dans un grand verre et souvent décoré de noix, d'un peu de crème fouettée ou d'une cerise

Southern pecan pie (**seu**ðeurn pi**kæn** paï) — tourte, dont l'ingrédient principal est de la noix de pécan

tarts (tââ rts) — tartelettes aux fruits ou à la confiture, garnies de crème fouettée

. . . et n'oubliez surtout pas les glaces (*ice cream* – aïss kriim) qui sont variées et délicieuses:

butter almond	**beu**teur **ââ**meunnd	amandes
butter pecan	**beu**teur pi**kæn**	noix de pécan
chocolate	**tchâk**leut	chocolat
chocolate chip	**tchâk**leut tchip	avec fragments de chocolat
coffee	**ko**fi	café
lemon	**lè**meunn	citron
orange	ârinndj	orange
pistachio	peu**stæ**tchôô	pistache
raspberry	**ræz**bèri	framboise
strawberry	**stroo**bèri	fraise
tutti-frutti	touti**frou**ti	mélange de fruits
vanilla	veu**ni**leu	vanille

Boissons *Drinks*

Bière *Beer*

En général, la bière américaine a une teneur en alcool inférieure aux bières européennes. Elle est toujours servie glacée. La plupart des restaurants et bars servent une ou plusieurs des marques européennes les plus connues. N'oubliez donc pas de spécifier la marque souhaitée en passant votre commande.

Je voudrais une bière, s.v.p.	**I'd like a beer, please.**	aïd laïk eu biir pliiz
Une bouteille/Un verre de ..., s.v.p.	**A bottle/A glass of ..., please.**	eu **bâ**teul/eu glæss euv ... pliiz
Une ... pression, s.v.p.	**A ... on tap, please.**	eu ... ân tæp pliiz

Vin *Wine*

Aux Etats-Unis, 25 Etats produisent du vin, mais les crus les plus connus proviennent de la Californie et de l'Etat de New York.

Les vins de qualité sont en général pourvus d'une étiquette indiquant à base de quelle sorte de raisins ils ont été produits. Des appellations «européennes» telles que *Cabernet Sauvignon*, *Pinot Noir*, *Merlot*, *Zinfandel*, *Gamay*, *Sauvignon blanc*, *Riesling*, *Semillon*, etc. sont données à des vins californiens. Des fines gouttes d'autres régions portent des noms comme *Concord*, *Catawba*, *Delaware*, *Noah*, *Niagara* ou encore *Cayuga*. Les vins maison (*everyday wines* ou *open table wines*) sont proposés sous des appellations telles que *Burgundy* (**beûr**gueunndi), *Chianti* (ki**æn**ti), *Chablis* (chæ**bli**) ou *Rhine* (raïn), dont certains sont d'une qualité étonnante.

On peut commander le vin maison en bouteille, en carafe ou en verre. Le vin rouge est servi plutôt frais. Si vous le préférez chambré, précisez-le à la commande en ajoutant *unchilled, please* (eunn**tchild** pliiz).

Avez-vous une carte des vins?	**Do you have a wine list?**	dou yoû hæv eu ouaïn list
J'aimerais voir la carte des vins.	**I'd like to see the wine list, please.**	aïd laïk tou sii ðeu ouaïn list pliiz
Que conseillez-vous?	**What do you recommend?**	ouât dou yoû rèkeu**mènd**
Je voudrais une ... de vin rouge/blanc.	**I'd like ... of red/white wine.**	aïd laïk ... euv rèd/ouaït ouaïn
bouteille	**a bottle**	eu **bâ**teul
demi-bouteille	**half a bottle**	hæf eu **bâ**teul
carafe/verre	**a carafe/a glass**	eu keu**ræf**/eu glæss
Je voudrais goûter une bouteille d'un bon vin californien.	**I'd like to try a bottle of good California wine.**	aïd laïk tou traï eu **bâ**teul euv goud kæleu**foor**nyeu ouaïn
Avez-vous du vin du New Jersey/de l'Ohio?	**Do you have any New Jersey/Ohio wines?**	dou yoû hæv èni nyoû **djeûr**zi/ôô**haï**ôô ouaïnz
Chambré, s.v.p.	**Unchilled, please.**	eunn**tchild** pliiz
D'où vient ce vin?	**Where does this wine come from?**	ouèr deuz ðiss ouaïn keum freum
Apportez-moi encore un(e) autre verre/bouteille de ...	**Bring me another glass/bottle of ..., please.**	brinng mi eu**neu**ðeur glæss/**bâ**teul euv ... pliiz

rouge	**red**	rèd
blanc	**white**	ouaït
rosé	**rosé**	rôô**zéji**
doux	**sweet**	souiit
sec	**dry**	draï
mousseux	**sparkling**	**spâârk**linng
frais	**chilled**	tchild
à la température de la pièce	**at room temperature**	æt roûm **tèm**peutcheûr

N.B. Un *wine cooler* (ouaïn **koû**leur) n'est pas, comme on pourrait le croire, un seau pour tenir le vin au frais, mais une boisson rafraîchissante pour journées chaudes, faite d'un mélange de vin, d'eau et de jus de fruits.

Autres boissons alcoolisées *Other alcoholic drinks*

Les Américains tiennent beaucoup à leurs cocktails ou leurs *highball* (**haï**bool). Le cocktail est un mélange de deux ou plusieurs spiritueux comme par exemple le *manhattan* et le *martini*. Le *highball* par contre ne contient qu'une sorte de spiritueux mélangé, en général, avec une boisson gazeuse ou un jus de fruit (parfois aussi simplement avec de l'eau du robinet ou du lait). Le fameux *gin and tonic* ou le *Scotch and soda* (whisky écossais et eau de Seltz) en sont deux exemples.

Si vous commandez un *martini*, on ne vous apportera pas la boisson dont vous avez l'habitude en Europe, mais un mélange assez fort de gin et de vermouth sec. Ci-dessous vous trouverez quelques-uns des mélanges les plus populaires:

alexander (æligz**æn**deur)	eau-de-vie ou gin, liqueur de cacao et crème
B&B (bi-eunn-**bi**)	Bénédictine et eau-de-vie
bloody Mary (**bleu**di **mè**ri)	vodka et jus de tomate bien épicé; serait souverain contre la «gueule de bois»
daiquiri (**daï**keuri)	rhum léger avec jus de citron (vert)
godfather/godmother (**gâd**fââðeur/ **gâd**meuðeur)	scotch/vodka et liqueur d'amandes
manhattan (mæn**hæ**teunn)	whisky, vermouth doux et apéritif amer
old-fashioned (ôôl **fæ**cheunnd)	whisky, eau (minérale), sucre et apéritif amer
planter's punch (**plæn**teurz peunntch)	rhum, jus d'orange et de citron avec une «tombée» de grenadine et de l'apéritif amer
screwdriver (**skroû**draïvr)	vodka et jus d'orange
stinger (**stinng**gueur)	eau-de-vie et crème de menthe
Tom Collins (tâm **kâ**leunnz)	gin, eau de Seltz, jus de citron et sucre

cognac	**cognac**	**kôô**nyæk
eau-de-vie	**brandy**	**bræn**di
gin	**gin**	djinn
liqueur	**cordial (liqueur)**	**keûr**djeul (li**keûr**)
porto	**port**	poort
rhum	**rum**	reum
vermouth	**vermouth**	**veûr**mouθ
vodka	**vodka**	**vâd**keu
whisky	**whiskey**	**oui**ski
xérès	**sherry**	**chè**ri
sec	**dry**	draï
demi-sec	**medium dry**	**mii**dyeum draï
doux	**sweet**	souiit
sec	**straight**	stréit
avec de la glace	**on the rocks**	ân ðeu râks

Whisky *Whiskey*

Le *whiskey* américain (qui s'écrit avec un *e*) est en général plus doux et plus capiteux que le whisky irlandais ou écossais, que vous pourrez d'ailleurs consommer également dans la plupart des bars. Le *Bourbon* (**beûr**beunn – provenant de la région du même nom, située dans le Kentucky) est le *whiskey* américain le plus connu. A la différence des autres *whiskeys*, il est distillé presque uniquement à base de maïs. Il y a aussi un *blended whiskey*, provenant de la distillation d'un mélange de céréales, souvent appelé à tort *rye* (raï – whisky à base de seigle). Le véritable *rye* est beaucoup plus fort et a un goût prononcé de seigle.

Je voudrais un J&B avec de la glace, s.v.p.	**A J&B on the rocks, please.**	eu djéi eunn **bi** ân ðeu râks pliiz
Je prendrai un scotch avec de l'eau.	**I'll have a Scotch and water, please.**	aïl hæv eu skâtch ænd **ouoo**teur pliiz

CHEERS!
(BOTTOMS UP!)
(tchiirz [**bâ**teumz eup])
SANTÉ!

Boissons sans alcool *Nonalcoholic beverages*

Les Américains boivent du café pratiquement toute la journée, avant, pendant et après les repas. Il n'est généralement pas très fort mais de goût agréable. Vous pourrez bien sûr obtenir un *espresso* ou un *ristretto* dans un des nombreux restaurants étrangers ou de style européen. En été, le café et le thé glacés sont des boissons très populaires.

Soda (**sôô**deu) est le nom donné à toutes les boissons sans alcool (au goût les plus divers) contenant du gaz carbonique. La plupart des boissons sont servies avec des glaçons. Si vous n'en voulez pas ou peu, spécifiez-le lors de votre commande en ajoutant *no ice* ou *little ice*.

Je voudrais ...	**I'd like a ...**	aïd laïk eu
café	**coffee**	**ko**fi
espresso	**espresso**	**èsprès**sôô
décaféiné	**decaffeinated**	di**kæ**feunéiteud
avec lait/crème	**with milk/cream**	ouið milk/kriim
noir	**black**	blæk
chocolat (chaud)	**(hot) chocolate**	(hât) **tchâk**leut
lait (écrémé)	**(lowfat) milk**	(**lôô**fæt) milk
thé	**tea**	tii
avec lait/citron	**with milk/lemon**	ouið milk/**lè**meunn
froid	**iced tea**	aïst tii
eau	**water**	**ouoo**teur
minérale	**spring water**	sprinng **ouoo**teur
gazeuse	**sparkling**	**spâârk**linng
non-gazeuse	**natural**	**næ**tcheureul
frappé	**milkshake**	**milk**chéik
jus	**juice**	djoûss
ananas/pamplemousse/pomme/orange/raisin	**pineapple/grapefruit/apple/orange/grape**	**paï**næpeul/**gréip**froût/**æ**peul/**â**rinndj/gréip
limonade	**lemonade**	lèmeu**néid**
orangeade	**orange soda**	ârinndj **sôôdeu**

Vous serez peut-être tentés de goûter aussi deux boissons typiques: le *ginger ale* (**djinn**djeur éil), boisson au gingembre et le *root beer* (roût biir), à base de racines de différentes plantes, toutes les deux sans rapport avec la bière, malgré leurs noms.

Réclamations *Complaints*

Il manque un verre/une assiette.	**There's a glass/a plate missing.**	ðèrz eu glæss/eu pléit **mi**ssing
Je n'ai pas de couteau/fourchette /cuillère.	**I don't have a knife/fork/spoon.**	aï dôônt hæv eu naïf/foork/spoûn
Ce n'est pas ce que j'ai commandé.	**That's not what I ordered.**	ðæts nât ouât aï **oor**deurd
J'ai demandé...	**I asked for...**	aï æskt foor
Il doit y avoir une erreur.	**There must be some mistake.**	ðèr meust bi seum meu**stéik**
Pouvez-vous m'apporter autre chose?	**Could you change this?**	koud yoû tchéinndj ðiss
J'ai demandé une petite portion (pour l'enfant).	**I asked for a small portion (for the child).**	aï æskt foor eu smool **poor**cheunn (foor ðeu tchaïld)
La viande est...	**The meat is...**	ðeu miit iz
trop cuite	**overdone**	ôôveur**deunn**
pas assez cuite	**underdone**	eunndeur**deunn**
trop crue/dure	**too rare/tough**	toû rèr/teuf
C'est trop...	**This is too...**	ðiss iz toû
aigre/amer/épicé/ salé/sucré	**sour/bitter/spicy/ salty/sweet**	saour/**bi**teur/**spaï**ssi/ **sool**ti/souiit
Je n'aime pas ceci.	**I don't like this.**	aï dôônt laïk ðiss
Cela a un goût bizarre.	**This doesn't taste right.**	ðiss **deu**zeunnt téist raït
C'est froid.	**The food is cold.**	ðeu foûd iz kôôld
Avez-vous oublié nos boissons?	**Have you forgotten our drinks?**	hæv yoû feur**gâ**teunn aour drinng(k)s
Pourquoi l'attente est-elle si longue?	**What's taking so long?**	ouâts **téi**kinng sôô lonng
Le vin n'est pas bon.	**The wine doesn't taste right.**	ðeu ouaïn **deu**zeunnt téist raït
Ce n'est pas propre.	**This isn't clean.**	ðiss izeunnt kliin
J'aimerais parler au directeur.	**I'd like to see the manager.**	aïd laïk tou sii ðeu **mæ**nidjeur

L'addition *The check/bill*

Les prix indiqués sur la carte n'incluent pas la taxe (*sales tax*, variant de 4 à 8% d'un Etat à l'autre); elle est cependant automatiquement portée sur l'addition.

Dans bien des restaurants (surtout dans les catégories les plus modestes) on paie à la caisse en sortant. Souvent un panneau portant l'inscription *Please Pay Cashier* vous l'indique. Dans ces cas-là, il faut laisser le pourboire (environ 15%) directement sur votre table. Il faut tenir compte du fait que le salaire de base du personnel est extrêmement modeste et que celui-ci tire son revenu principalement des pourboires.

L'addition, s.v.p.	**The check, please.**	ðeu tchèk pliiz
Je voudrais payer.	**I'd like to pay.**	aïd laïk tou péi
Nous payons chacun notre part.	**We'd like to pay separately.**	ouiid laïk tou péi **sè**preutli
A quoi correspond ce montant?	**What's this amount for?**	ouâts ðiss eu**maount** foor
Je crois qu'il y a une erreur dans l'addition.	**There is a mistake in this check, I think.**	ðèr iz eu meu**stéik** inn ðiss tchèk aï θinngk
Acceptez-vous des chèques de voyage?	**Do you accept travelers checks?**	dou yoû ik**sèpt træv**leurz tschèks
Acceptez-vous les cartes de crédit?	**Do you take credit cards?**	dou yoû téik **krè**deut kâârdz
Puis-je payer avec ma carte ...?	**Can I pay with my ... card?**	kæn aï péi ouið maï ... kâârd
Merci, voilà pour vous.	**Thank you, this is for you.**	ðængk yoû ðiss iz foor yoû
Gardez la monnaie.	**Keep the change.**	kiip ðeu tchéinndj
Le repas était très bon.	**That was a very good meal.**	ðæt oueuz eu **vè**ri goud miil
Nous nous sommes régalés, merci.	**We enjoyed it, thank you.**	oui inn**djoïd** it ðængk yoû

POURBOIRES, voir 3ème page de couverture

Repas légers – Pique-nique *Snacks/Take-outs – Picnic*

Vous trouverez facilement de quoi satisfaire une petite (ou même une grande) faim dans un *delicatessen* ou un *sandwich shop*, spécialisés dans les «en-cas» et plats à emporter.

Donnez m'en un, s.v.p.	**I'd like one of those.**	aïd laïk oueunn euv ðôôz
Je voudrais ...	**I'd like ...**	aïd laïk
beignet	**a doughnut (donut)**	eu **dôô**neut
cornet de chips/de popcorn	**a bag of potato chips/popcorn**	eu bæg euy peu**téi**tôô tchips/**pâp**koorn
frites	**(French) fries**	(frèntch) fraïz
poisson et frites	**fish and chips**	fich ænd tchips
pommes de terre au four avec beurre/ crème aigre/fromage/ sauce chili	**a baked potato with butter/sour cream/cheddar/ chili sauce**	eu béikt peu**téi**tôô ouið **beu**teur/saour kriim/**tchè**deur/**tchi**li sooss
saucisse (chaude)/ francfort avec fromage/ ketchup/ moutarde/oignon/ sauce épicée/sauce chili	**a hot dog/frank with cheese/ketchup/ mustard/onion/ relish/chili sauce**	eu hât dog/frængk ouið tchiiz/**kè**tcheup/**meus**teured/**eu**nyeunn/**rè**lich/**tchi**li sooss
tranche de pizza/au(x) anchois/bœuf/légumes/saucisse	**a (slice of) pizza anchovis/beef/ vegetable/sausage**	eu (slaïss euv) **pi**tseu **æn**tchôôviz/biif/ **vèdj**teubeul/**sos**sidj
tranche de tarte aux pommes (chaude)	**a slice of (hot) apple pie**	eu slaïss euv (hât) **æ**peul paï

hero (**hii**reu) — charcuterie ou boulettes de viande avec fromage, feuilles de salade, rondelles de tomate et d'oignon, le tout assaisonné de sauce chili et servi dans un petit pain; également appelé *grinder* (**graïn**deur), *hoagie* (**hôô**gui), *po'boy* (**pôô**boi), *poorboy* (**pour**boï), *sub(marine)* (**seub**meurinn) ou *wedge* (ouèdj)

sloppy Joe (**slâ**pi djôô) — viande de bœuf hachée et oignons, mijotés dans une sauce bien relevée, servis sur un petit pain

taco (**tââ**kôô) — viande hachée rôtie avec des oignons, servie dans une tortilla (galette de maïs), garnie de salade, tomate et fromage, le tout assaisonné d'une sauce bien relevée

HAMBURGER/SANDWICHES, voir page 49/GLACES, page 55

Mais peut-être êtes-vous en camping ou en location et il vous faudra quelques denrées alimentaires:

Je voudrais ...	**I'd like some ...**	aïd laïk seum
beurre	**butter**	**beu**teur
bière	**beer**	biir
biscuits	**cookies**	**kou**kiz
aux pépites de chocolat	**chocolate chip cookies**	**tchâk**leut tchip **kou**kiz
biscuits salés	**crackers**	**kræ**keurz
bonbons	**candy**	**kæn**di
café	**coffee**	**ko**fi
en poudre	**instant coffee**	**inn**steunnt **ko**fi
charcuterie	**cold cuts**	kôôld keuts
chocolat	**chocolate**	**tchâk**leut
citrons	**lemons**	**lè**meunnz
concombre	**cucumber**	**kyoû**keumbeur
cornichons	**pickled gherkins**	pikeuld **gueûr**keunnz
crème	**cream**	kriim
eau minérale	**spring water/mineral water**	sprinng **ouoo**teur/**minn**reul **ouoo**teur
fromage	**cheese**	tchiiz
glace	**ice cream**	aïss kriim
jambon	**ham**	hæm
jus de fruits	**fruit juice**	froût djoûss
lait	**milk**	milk
limonade	**lemonade**	lèmeu**néid**
margarine	**margarine**	**mââr**djeureunn
moutarde	**mustard**	**meu**steurd
mortadelle	**bologna**	beu**lôô**ni
œufs	**eggs**	ègz
olives	**olives**	**â**livz
oranges	**oranges**	**â**rindjeuz
pain/petitors pains	**bread/rolls**	brèd/rôôlz
poivre	**pepper**	**pè**peur
pommes	**apples**	**æ**peulz
raisin	**grapes**	gréips
salade	**salad**	**sæ**leud
saucisses	**sausages**	**sos**sidjeuz
sel	**salt**	soolt
sucre	**sugar**	**chou**gueur
(sachets de) thé	**tea (bags)**	tii (bægz)
tomates	**tomatoes**	teu**méi**tôôz
vin	**wine**	ouaïn
yogourt	**yogurt**	**yôô**gueurt

Excursions

En avion *By plane*

Je voudrais réserver un vol pour …	**I'd like to make a reservation for …**	aïd laïk tou méik eu rèzeur**véi**cheunn foor
aller simple/-retour	**one-way/round-trip**	oueunn ouéi/raoun(d) trip
classe touriste	**coach class**	kôôtch klæss
classe affaires	**business class**	**biz**neuss klæss
première classe	**first class**	feûrst klæss
Je voudrais un billet pour … via …	**I'd like a ticket to … via…**	aïd laïk eu **ti**keut tou … vaï**eu**
Y a-t-il des tarifs spéciaux?	**Are there any special fares?**	ââr ðer **è**ni **spè**cheul fèrz
Est-ce un vol sans escale/direct?	**Is it a nonstop/direct flight?**	iz it eu **nân**stâp/ deu**rèkt** flaït
Quand part le prochain avion pour …?	**When's the next flight to …?**	ouènz ðeu nèkst flaït tou
Y a-t-il une correspondance pour …?	**Is there a connection to …?**	iz ðèr eu keu**nèk**cheunn tou
A quelle heure est le décollage?	**What's departure time?**	ouâts di**pââr**tcheur taïm
Quelle porte?	**Which gate?**	ouitch guéit
A quelle heure dois-je me présenter?	**What's check-in time?**	ouâts tchèk inn taïm
Quel est le numéro du vol?	**What's the flight number?**	ouâts ðeu flaït **neum**beur
Où se fait l'enregistrement des bagages?	**Where's the baggage check-in?**	ouèrz ðeu **bæ**guidj tchèk inn
Quelle est l'heure d'arrivée?	**What's arrival time?**	ouâts eu**raï**veul taïm
Je voudrais … mon vol.	**I'd like to … my flight.**	aïd laïk tou … maï flaït
annuler/changer/confirmer	**cancel/change/confirm**	**kæn**seul/tchéinndj/konn**feûrm**
Combien de temps le billet est-il valable?	**How long is the ticket valid?**	haou lonng iz ðeu **ti**keut **væ**leud

Train *Railroad*

L'*Amtrak* (eum**træk**), Société nationale de chemins de fer, relie entre eux environ 500 grands centres et villes. Dans les régions non desservies par les trains de l'Amtrak circulent des compagnies ou des bus de l'*Amtrak Thruway*. Pour tous renseignements ou réservations, vous pouvez appeler sans frais le numéro de téléphone 1-800-USA-RAIL ou (en chiffres uniquement) le 1-800-872-7245.

Si vous projetez de grands voyages en train, vous aurez avantage à utiliser un *U.S.A. Railpass*. Vous pourrez vous procurer cette carte bon marché (à usage limité dans le temps) dans votre agence de voyage, avant votre départ, ou dans les principales gares des Etats-Unis.

En principe, il y a deux catégories de trains: ceux où il y a des wagons sans réservations, et ceux où les réservations sont obligatoires, comme les *Metroliners*, par exemple.

Les trains sont d'un confort très différent d'une région à l'autre. On ne trouve pas partout les aménagements de luxe des *Superliners*.

Vous trouverez ci-dessous un petit aperçu des différents *services*:

Auto Train Service (**oo**tôô tréinn **seûr**veuss)	train transportant les autos; la réservation est indispensable et il faut se trouver à la gare deux heures avant le départ.
Club Service (kleub **seûr**veuss)	sièges de luxe réservés; on vous y sert les repas et les boissons directement à votre place.
Coach Service (kôôtch **seûr**veuss)	places assises uniquement, avec ou sans réservation
Custom Class Service (**keu**steum klæss **seûr**veuss)	version un peu plus luxueuse du *Coach Service*, on vous y apporte thé, café, jus de fruits ou journaux (le service/pourboire n'est pas inclus dans le prix)
Leg-rest Coach Service (lèg rèst kôôtch **seûr**veuss)	places réservées avec suffisamment de place pour y reposer les jambes en position surélevée

Si vous voyagez de nuit, vous pourrez soit rester à votre place (les oreillers sont fournis, mais il faut apporter les couvertures) soit choisir un compartiment dans un wagon-lit (il n'y a pas de wagon-couchettes). Il est indispensable de réserver longtemps à l'avance.

Bedroom (**bèd**roûm)	lits superposés et sièges de jour pour deux personnes; cabinet de toilette dans chaque compartiment
Roomette (roû**mèt**)	lit rabattable et siège confortable pour une personne; cabinet de toilette dans chaque compartiment
Slumbercoach (**sleum**beurkôôtch)	plus petit que le *roomette*; compartiment pour une ou deux personnes; cabinet de toilette dans chaque compartiment

N.B. Il n'y a pas de différence entre wagons de première ou deuxième classe, ni de supplément (sauf pour des places plus confortables).

Pour la gare *To the railroad station*

Où est la gare?	**Where's the railroad station?**	ouèrz ðeu **réil**rôôd **stéi**cheunn
Peut-on s'y rendre à pied?	**Can I get there on foot?**	kæn aï guèt ðèr ân fout
Taxi!	**Taxi!**	**tæk**si
Conduisez-moi à la gare …	**Take me to … station, please.**	téilk mi tou … **stéi**cheunn pliiz

ENTRANCE/EXIT	ENTRÉE/SORTIE
TO THE TRACKS	ACCÈS AUX QUAIS

Renseignements *Information*

Où est/sont …?	**Where is/are …?**	ouèr iz/ââr
guichet des billets	**the ticket office**	ðeu **ti**keut **â**feuss
quai 3	**track 3**	træk 3
salle d'attente	**the waiting room**	ðeu **ouéi**tinng roûm
toilettes	**the restrooms**	ðeu **rèst**roûmz

CHIFFRES, voir page 147

Y a-t-il un/une ...?	**Is there ... here?**	iz ðèr ... hiir
buffet express	**a snack bar**	eu snæk bââr
bureau des objets trouvés	**a lost and found office**	eu lost ænd faound âfeuss
bureau des renseignements	**an information office**	eunn innfeur**méi**cheunn âfeuss
consigne à bagages	**a checkroom**	eu **tchèk**roûm
guichet de réservation des places	**a reservations office**	eu rèzeur**véi**cheunnz âfeuss
kiosque à journaux	**a newsstand**	eu **nyoûz**stænd
Où sont les consignes automatiques?	**Where are the baggage lockers?**	ouèr ââr ðeu **bæ**guidj **lâ**keurz
Quand part le ... train pour Miami?	**When is the ... train to Miami?**	ouèn iz ðeu ... tréinn tou maïæmi
premier/dernier/prochain	**first/last/next**	feûrst/læst/nèkst
Combien coûte le billet pour Boston?	**What's the fare to Boston?**	ouâts ðeu fèr tou **bos**teunn
Est-ce un train direct?	**Is it a through train?**	iz it eu θrou tréinn
Dois-je changer de train?	**Will I have to change trains?**	ouil aï hæv tou tchéinndj tréinnz
Combien de temps aurai-je pour changer de train?	**How much time do I have for changing trains?**	haou meutch taïm dou aï hæv foor **tchéinn**djinng tréinnz
Y a-t-il une correspondance pour Denver?	**Is there a connection to Denver?**	iz ðèr eu keu**nèk**cheunn tou **dèn**veur
Le train part-il à l'heure?	**Is the train running on time?**	iz ðeu tréinn **reu**ninng ân taïm
A quelle heure arrive-t-il à Fresno?	**What time does the train arrive in Fresno?**	ouât taïm deuz ðeu tréinn eu**raïv** inn **frèz**nôô
Y a-t-il un arrêt à Annapolis?	**Does the train stop in Annapolis?**	deuz ðeu tréinn stâp inn eu**næ**pleuss
Y a-t-il un wagon-restaurant/wagon-lit?	**Is there a dining car/a sleeping car on the train?**	is ðèr eu **daï**ninng kââr/eu **slii**pinng kââr ân ðeu trèinn
De quel quai part le train pour Milwaukee	**What track does the train from Milwaukee leave from?**	ouât træk deuz ðeu tréinn foor mil**ouoo**ki liiv freum

Sur quel quai arrive le train de Seattle?	**What track does the train from Seattle arrive on?**	ouât træk deuz ðeu tréinn freum si**æ**teul eu**raïv** ân
Je voudrais les horaires pour la région de …	**I'd like a timetable for the … region.**	aïd laïk eu **taïm**téibeul foor ðeu … **rii**djeunn

It's a through train.	C'est un train direct.
You have to change at …	Il vous faudra changer à …
Change at Phoenix and get a local train.	Changez à Phoenix et prenez un omnibus.
Track 5 is …	Le quai 5 est …
over there **on the right/on the left**	là-bas à droite/à gauche
There's a train to Reno at …	Il y a un train pour Reno à …
Your train will leave from track 8.	Votre train part de la voie 8.
There'll be a delay of … minutes.	Le train aura … minutes de retard.

Billets *Tickets*

Je voudrais un billet* pour …	**A ticket to …, please.**	eu **ti**keut tou … pliiz
aller simple aller-retour	**one-way** **round-trip**	oueunn ouéi raoun(d) trip

Réservations *Reservations*

Je voudrais réserver …	**I'd like to reserve …**	aïd laïk tou ri**zeûrv**
une place (côté fenêtre)	**a seat (by the window)**	eu siit (baï ðeu **ouinn**dôô)
un compartiment dans le wagon-lit**	**a room in the sleeping car**	eu roûm inn ðeu **slii**pinng kââr

* les enfants de 2 à 11 ans paient demi-tarif (**half price** – hæf praïss).
** Pour les différents types de wagons-lits, voir page 67.

Sur le quai *On the platform*

C'est bien la voie 5?	**Is this track number 5?**	iz ðiss træk **neum**beur 5
Est-ce bien de ce quai que part le train pour Minneapolis?	**Is this the right platform for the train to Minneapolis?**	iz ðiss ðeu raït **plæt**foorm foor ðeu tréinn tou minniæpleuss
Est-ce bien le train pour Albuquerque?	**Is this the train to Albuquerque?**	iz ðiss ðeu tréinn tou **æl**byeukeûrki
Le train de Detroit a-t-il du retard?	**Is the train from Detroit late?**	is ðeu tréinn freum di**troït** léit

ARRIVAL ARRIVÉE

DEPARTURE DÉPART

Dans le train *On the train*

Excusez-moi.	**Excuse me.**	iks**kyoûz** mi
Cette place est-elle libre/occupée?	**Is this seat free/occupied?**	iz ðiss siit frii/âkyeupaïd
C'est ma place, je crois.	**I think that's my seat.**	aï θinngk ðæts maï siit
Puis-je ouvrir/fermer la fenêtre?	**Can I open/close the window?**	kæn aï **ôô**peunn/klôôz ðeu **ouinn**dôô
Pourriez-vous me dire quand nous arriverons à Tucson?	**Could you let me know before we get to Tucson?**	koud yoû lèt mi nôô bi**foor** oui guèt tou **toûs**sân
Quel est cet arrêt?	**What station is this?**	ouât **stéi**cheunn iz ðiss
Où sommes-nous?	**Where are we now?**	ouèr ââr oui naou
Combien de temps le train s'arrête-t-il ici?	**How long does the train stop here?**	haou lonng deuz ðeu tréinn stâp hiir
Quand arrivons-nous à Des Moines?	**When do we get to Des Moines?**	ouèn dou oui guèt tou di**moïn**
Où est le wagon-restaurant?	**Where's the dining car?**	ouèrz ðeu **daï**ninng kââr

Pendant le trajet, le contrôleur passera en disant: «*Tickets, please!*» (Billets, s.v.p.).

HEURES, voir page 153/CHIFFRES, page 147

Wagon-lit *Sleeping car*

Y a-t-il encore des compartiments libres dans le wagon-lit?	**Are there any free rooms in the sleeping car?**	ââr ðèr **è**ni frii roûmz inn ðeu **slii**pinng kââr
Où est le wagon-lit?	**Where's the sleeping car?**	ouèrz ðeu **slii**pinng kââr
Où est mon compartiment?	**Where's my room?**	ouèrz maï roûm
Pourriez-vous faire nos lits, s.v.p.?	**Could you make up our beds, please?**	koud yoû méik eup aour bèdz pliiz
Pouvez-vous me réveiller à 7 heures?	**Could you wake me at 7 o'clock?**	koud yoû ouéik mi æt 7 eu**klâk**

We'll be arriving in ... in ... minutes.	Nous arrivons à ... dans ... minutes.
The platform will be on your right/left.	Le quai sera à votre droite/gauche.
Please collect all your belongings.	N'oubliez aucun de vos bagages, s.v.p.
Thank you for traveling with ...	Merci d'avoir choisi notre compagnie ... pour voyager.

Bagages – Porteur *Baggage – Porters*

Je voudrais déposer mes bagages.	**I'd like to leave my baggage.**	aïd laïk tou liiv maï **bæ**guidj
Je voudrais enregistrer mes bagages.	**I'd like to check in my baggage.**	aïd laïk tou tchèk Inn maï **bæ**guidj
Porteur!	**Redcap/Porter!***	**rèd**kæp/**poor**teur
Pouvez-vous prendre mes bagages?	**Could you help me with my baggage?**	koud yoû hèlp mi ouïð maï **bæ**guidj
Où sont les chariots à bagages?	**Where are the luggage carts?**	ouèr ââr ðeu **leu**guidj kâârts

* Dans la mesure du possible, ne faites appel qu'aux porteurs officiels avec la casquette rouge (*redcaps*).

PORTEUR, voir aussi page 18

Cars *Bus*

La Compagnie de cars *Greyhound/Trailways* relie entre elles la plupart des grandes villes des U.S.A. et dessert même certaines régions du Canada. Pendant la durée de validité de votre billet, vous pourrez interrompre votre voyage aussi souvent que vous le désirez. Dans les régions où il n'y a pas de cars *Greyhound/Trailways*, il y a bien sûr des compagnies régionales ou locales.

Où se trouve la gare routière?	**Where's the bus station?**	ouèrz ðeu beuss **stéi**cheunn
Quand part le prochain car pour Baltimore?	**When's the next bus to Baltimore?**	ouènz ðeu nèkst beuss tou **boolt**meur
Combien de temps dure le voyage?	**How long does the journey take?**	haou lonng deuz ðeu **djeûr**ni téik
Pourriez-vous vous arrêter ici, s.v.p.?	**Could you stop here, please?**	koud yoû stâp hiir pliiz

N.B. Voir aussi les tournures de phrases valables pour tous les transports en commun présentées dans le chapitre «Train».

Métro – Métro aérien *Subway – Elevated railroad*

Les billets et les tarifs changent d'un Etat à l'autre. De façon générale, vous pourrez acheter des tickets ou des jetons (*tokens* – **tôô**keunz) à un guichet ou à des distributeurs qui vous permettront de franchir tourniquets et portillons automatiques.

Où est la station de métro/métro aérien la plus proche?	**Where's the nearest subway/"EL" station?***	ouèrz ðeu **ni**reust **seu**bouéi/èl **stéi**cheunn
Cette rame va-t-elle à ...?	**Does this train go to ...?**	deuz ðiss tréinn gôô tou
Où dois-je changer pour ...?	**Where do I transfer for ...?**	ouèr dou aï **trænss**feur foor
Le prochain arrêt est bien ...?	**Is the next station ...?**	iz ðeu nèkst **stéi**cheunn

* le métro aérien (*elevated railroad*) est abrégé en «*El*».

Bus – Tramway *Bus – Streetcar*

Si vous comptez emprunter des transports en commun tels que bus ou tramway, il vous faudra presque partout avoir sur vous le montant exact de la course en monnaie.

Où est l'arrêt de bus?	**Where's the bus stop?**	ouèrz ðeu beuss stâp
Combien coûte la course jusqu'à ...?	**What's the fare to ...?**	ouâts ðeu fèr tou
Je voudrais un carnet de tickets.	**I'd like a book of tickets.**	aïd laïk eu bouk euv **ti**keuts
Quel bus dois-je prendre pour aller à ...?	**What bus do I take to ...?**	ouât beuss dou aï téik tou
Où puis-je prendre un bus pour ...?	**Where can I get a bus to ...?**	ouèr kæn aï guèt eu beuss tou
Quand part le premier/dernier/prochain bus pour ...?	**When is the first/ last/next bus to ...?**	ouèn iz ðeu feûrst/ læst/nèkst beuss tou
Où est le terminus?	**Where's the terminal?**	ouèrz ðeu **teurm**neul
Dois-je changer de bus?	**Do I have to transfer buses?**	dou aï hæv tou **trænss**feur **beus**seuz
Combien y a-t-il d'arrêts jusqu'à ...?	**How many stops are there to ...?**	haou **mè**ni stâps ââr ðèr tou
Pouvez-vous me dire quand je dois descendre?	**Will you tell me when to get off?**	ouil yoû tèl mi ouèn tou guèt of
Je voudrais descendre à ...	**I want to get off at ...**	aï ouoont tou guèt of æt

Bateaux *Boat/Ship*

A quelle heure y a-t-il un bateau/ferry pour ...?	**When's there a boat/ferry for ...?**	ouènz ðèr eu bôôt/eu **fè**ri foor
Où est l'embarcadère?	**Where's the embarkation point?**	ouèrz ðeu èmbââr**kéi**cheunn poïnt
Combien dure la traversée?	**How long does the crossing take?**	haou lonng deuz ðeu **kros**sing téik

Quand arriverons-nous à Nassau?	**When do we call at Nassau?**	ouèn dou oui kool æt **næs**soo
Je voudrais faire un/une ...	**I'd like to take a ...**	aïd laïk tou téik eu
promenade sur la rivière	**river tour**	**ri**veur toûr
tour du port	**harbor cruise**	**hââr**beur kroûz
Je voudrais partir en croisière.	**I'd like to go on a cruise.**	aïd laïk tou gôô ân eu kroûz
bateau	**boat/ship**	bôôt/chip
à vapeur	**steamboat**	**stiim**bôôt
bateau/ceinture/ gilet de sauvetage	**lifeboat/life belt/ buoyancy vest**	**laïf**bôôt/laïf bèlt/ **boï**eunnsi vèst
cabine	**cabin**	**kæ**beunn
pour 1/2 personne(s)	**single/double**	**sinng**guel/**deu**beul
débarcadère	**pier**	piir
ferry (pour voitures)	**(car) ferry**	(kââr) **fè**ri
hydroglisseur	**hydrofoil**	**haï**dreufoïl
pont	**deck**	dèk
port	**port**	poort
quai	**wharf**	ouoorf

Location de bicyclettes *Bicycle rental*

Je voudrais louer une bicyclette (à 3/6/10 vitesses).	**I'd like to rent a bicycle (a 3-/6-/10-speed bike).**	aïd laïk tou rènt eu **baïs**si-keul (eu θrii/siks/tèn spiid baïk)

Autres moyens de transport *Other means of transportation*

funiculaire	**funicular**	fyou**ni**kyeuleur
hélicoptère	**helicopter**	**hè**leukâpteur
motocyclette	**motorcycle**	**môô**teursaïkeul
scooter	**motor scooter**	**môô**teur **skoû**teur
vélomoteur	**moped**	**môô**pèd
voiture tout terrain (4×4)	**four-wheel drive (vehicle)**	foor ouiil draïv (**vi**hikeul)

Mais peut-être préférerez-vous faire ...

de l'auto-stop	**to hitchhike**	tou **hitch**haïk
de la marche	**to walk**	tou ouook
une randonnée	**to hike**	tou haïk

SPORTS, voir page 89

Voiture *Car/Auto*

Si vous avez l'intention d'amener votre voiture aux U.S.A., notez que l'essence avec plomb est de plus en plus rare. Beaucoup de stations-service ferment le soir et le dimanche. La nuit, pour acheter de l'essence, il faut en général payer avec une carte de crédit ou avoir le montant exact en monnaie. Le port de la ceinture de sécurité (*seat belt*) est obligatoire.

Les routes à grand trafic ont différents noms: ainsi les *toll highways* ou *turnpikes* sont à péage. Sur les autoroutes et les voies rapides, la vitesse est ordinairement limitée à 55 miles/heure (88 km/h) avec des pointes jusqu'à 65 miles pour les *interstate highways*.

Où est la station-(self) service la plus proche?	**Where's the nearest (self-service) gas station?**	ouèrz ðeu **nii**reust (sèlf **seûr**veuss) gæss **stéi**cheunn
Le plein, s.v.p.	**Fill it up, please.**	fil it eup pliiz
Donnez moi 15 gallons* ..., s.v.p.	**Give me 15 gallons of ..., please.**	guiv mi 15 **gæ**leunnz euv ... pliiz
avec plomb	**leaded**	**lè**deud
sans plomb	**regular unleaded**	**rè**gyeuleur eunn**lè**deud
... octanes	**... octane**	... **âk**téinn
diesel	**diesel**	**dii**zeul
Contrôlez s.v.p. ...	**Please check the ...**	pliiz tchèk ðeu
batterie	**battery**	**bæ**teuri
eau/huile	**water/oil**	**ouoo**teur/oïl
liquide de freins	**brake fluid**	bréik **floû**eud
Où puis-je contrôler la pression des pneus?	**Where can I check the tire pressure?**	ouèr kæn aï tchèk ðeu taïr **prè**cheur
Pourriez-vous changer le/la/les ...?	**Could you change the ..., please?**	koud yoû tchéinndj ðeu ... pliiz
ampoule	**bulb**	beulb
bougies	**spark plugs**	spâârk pleugz

* l'essence (*gasoline, gas* – **gæ**sseuliin, gæss) est vendue en *gallons* (3,8 l) et l'huile en *quarts* (0,95 l).

LOCATION DE VOITURES, voir page 20/CONVERSIONS, page 157

courroie du ventilateur	**fan belt**	fæn bèlt
essuie-glaces	**wipers**	**ouaï**peurz
pneu (de secours)	**(spare) tire**	(spèr) taïr
Pouvez-vous réparer ce pneu plat?	**Could you fix this flat?**	koud yoû fiks ðiss flæt
Pourriez-vous nettoyer le pare-brise, s.v.p.?	**Could you clean the windshield, please?**	koud yoû kliin ðeu **ouinn**chiild pliiz
Y a-t-il un tunnel de lavage par ici?	**Is there a car wash nearby?**	iz ðèr eu kââr ouoch niir**baï**

Pour demander son chemin *Asking the way*

Quelle direction faut-il prendre pour ...?	**In which direction is ...?**	inn ouitch deu**rèk**cheunn iz
Comment aller à ...?	**How do I get to ...?**	haou dou aï guèt tou
Est-ce bien la route pour ...?	**Are we on the right road for ...?**	ââr oui ân ðeu raït rôôd foor
Y a-t-il une route avec moins de trafic pour aller à ...?	**Is there a road with less traffic going to ...?**	iz ðèr eu rôôd ouið lèss **træ**fik **gôô**inng tou
Quelle distance y a-t-il jusqu'à ...?	**How far is it to ...?**	haou fââr iz it tou
Y a-t-il une autoroute pour ...?	**Is there an expressway going to ...?**	iz ðèr eunn iks**prèss**ouéi **goo**inng tou
Combien de temps faudrait-il pour y aller en voiture/à pied?	**How long would it take to get there by car/walking?**	haou lonng woud it téik tou guèt ðèr baï kââr/**ouoo**kinng
Pouvez-vous me dire où se trouve ...?	**Could you tell me where ... is?**	koud yoû tèl mi ouèr ... iz
Comment, puis-je me rendre à cet endroit/cette adresse?	**How do I get to this place/this address?**	haou dou aï guèt tou ðiss pléiss/ðiss ædrèss
Où mène cette route?	**Where does this road lead to?**	ouèr deuz ðiss rôôd liid tou
Pouvez-vous me montrer sur la carte où je suis?	**Can you show me on the map where I am?**	kæn yoû chôô mi ân ðeu mæp ouèr aï æm

You're on the wrong road.	Vous n'êtes pas sur la bonne route.
Go straight ahead.	Continuez tout droit.
It's down there on the left/right.	C'est là-bas à gauche/droite.
next to/after ... **opposite/behind ...**	à côté de/après ... en face de/derrière ...
north/south/east/west	nord/sud/est/ouest
Go to the first/second intersection	Allez jusqu'au premier/deuxième carrefour.
Turn left at the lights/blinker.	Tournez à gauche aux prochains feux/clignotants.
Take the next right.	Tournez à droite au prochain coin de rue.
You have to go back to ...	Il vous faut retourner à ...
Follow signs for ...	Suivez les panneaux pour ...

Stationnement *Parking*

Le stationnement n'est autorisé que dans le sens de la marche et jamais aux endroits marqués d'une bordure de couleur. Le panneau *Tow-away* indique qu'une voiture parquée là sera emmenée à la fourrière.

Où puis-je me garer?	**Where can I park?**	ouèr kæn aï pâârk
Y a-t-il un parking/garage dans les environs?	**Is there a parking lot/parking garage nearby?**	iz ðèr eu **pââr**kinng lât/**pââr**kinng gueu**rââj** niir**baï**
Combien de temps puis-je rester ici?	**How long can I park here?**	haou lonng kæn aï pâârk hiir
Combien coûte l'heure/la journée?	**What's the hourly/daily rate?**	ouâts ðeu **aourli**/**déi**li réit
Avez-vous de la monnaie pour le parcomètre?	**Do you have any change for the parking meter?**	dou yoû hæv **è**ni tchéinndj foor ðeu **pââr**kinng **mii**teur

Pannes – Assistance routière *Breakdown – Road assistance*

Ma voiture est en panne.	**My car has broken down.**	maï kââr hæz **brôô**keunn daoun
Pouvez-vous m'aider?	**Can you help me?**	kæn yoû hèlp mi
Où puis-je téléphoner?	**Where can I make a phone call?**	ouèr kæn aï méik eu fôôn kool
Pouvez-vous m'envoyer une dépanneuse/un mécanicien?	**Can you send a tow truck/a mechanic, please?**	kæn yoû sènd eu taou treuk/eu mi**kæ**nik pliiz
Je n'arrive pas à démarrer.	**My car won't start.**	maï kââr ouôônt stâât
La batterie est à plat.	**The battery is dead.**	ðeu **bæ**teuri iz dèd
Je suis en panne sèche.	**I've run out of gas.**	aïv reunn aout euv gæss
J'ai un pneu plat.	**I've got a flat tire.**	aïv gât eu flæt taïr
J'ai un problème avec le/la/les ...	**There's something wrong with the ...**	ðèrz **seum**θinng ronng ouið ðeu
allumage	**ignition**	ig**ni**cheunn
boîte à vitesse	**transmission**	trænz**mi**cheunn
carburateur	**carburetor**	**kââr**byeuréiteur
direction	**steering**	**stii**rinng
embrayage	**clutch**	kleutch
feux stop	**brake lights**	bréik laïts
freins	**brakes**	bréiks
moteur	**engine**	**è**ndjeunn
phares	**headlights**	**hèd**laïts
pot d'échappement	**muffler**	**meu**fleur
radiateur	**radiator**	**réi**dyéiteur
roue	**wheel**	ouiil
système électrique	**electrical system**	i**lèk**trikeul **sis**teum
tuyau d'échappement	**tail pipe**	téil païp
Pouvez-vous me prêter un/une ...?	**Can you lend me ...?**	kæn yoû lènd mi
bidon d'essence	**a jerrican**	eu **djè**rikæn
câble de démarrage	**a booster cable**	eu **boû**steur **kéi**beul
câble de remorquage	**a towrope**	eu **tôô**rôôp
clé anglaise	**a spanner**	eu **spæ**neur
cric	**a jack**	eu djæk
outils	**some tools**	seum toûlz

Où est le garage le plus proche?	**Where's the nearest auto repair shop?**	ouèrz ðeu **nii**reust **oo**tôô ri**pèr** châp
Pouvez-vous réparer ma voiture?	**Can you repair my car?**	kæn yoû ri**pèr** maï kââr
Combien de temps faudra-t-il?	**How long will it take?**	haou lonng ouil it téik
Pouvez-vous me faire un devis?	**Can you give me an estimate?**	kæn yoû guiv mi eunn **è**steumeut

Accident – Police *Accident – Police*

Appelez la police, s.v.p.	**Please call the police.**	pliiz kool ðeu peu**liiss**
Il y a eu un accident à environ 2 miles de ...	**There's been an accident. It's about 2 miles from ...**	ðèrz biin eunn **æk**seudeunnt. its eu**baout** 2 maïlz freum
Il y a des blessés.	**There are people injured.**	ðèr ââr **pii**peul **inn**djeurd
Appelez vite un médecin/une ambulance.	**Call a doctor/an ambulance quickly.**	kool eu **dâk**teur/eunn **æm**byeuleunnss **kouik**li
Quel est votre nom et votre adresse?	**What's your name and address?**	ouâts yoor néim ænd æ**drèss**
Quelle est votre compagnie d'assurance?	**What's your insurance company?**	ouâts yoor inn**choû**reunnss **keum**peuni

Panneaux routiers *Road signs*

CONSTRUCTION AHEAD	Chantier/travaux
DETOUR	Déviation
DO NOT PASS	Dépassement interdit
NO U TURN	Tourner sur route interdit
NO STANDING/WAITING	Arrêt interdit
ONE WAY	Sens unique
PEDESTRIAN CROSSING	Passage piétons
ROTARY/CIRCLE	Giratoire
SCHOOL BUS STOP AHEAD*	Arrêt de bus scolaire
TOLL AHEAD	Péage
YIELD	Cédez le passage

* Il est interdit de doubler les bus scolaires à l'arrêt, lorsque leurs feux clignotent.

URGENCES, voir page 156

Visites touristiques

Toutes les villes d'une certaine importance ont un *Convention and Visitors' Bureau* qui tient à disposition des plans de ville et des indications sur les sites touristiques.

Où se trouve l'office du tourisme?	**Where's the tourist office?**	ouèrz ðeu **toû**reust âfeuss
Que faut-il visiter avant tout?	**What are the main points of interest?**	ouât ââr ðeu méinn poïnts euv **inn**treust
Nous sommes ici pour ...	**We're here for ...**	ouiir hiir foor
quelques heures	**a few hours only**	eu fyoû aourz **ôôn**li
un jour/une semaine	**a day/a week**	eu déi/eu ouiik
Pouvez-vous nous conseiller un tour de ville/une excursion?	**Can you recommend a sightseeing tour/an excursion?**	kæn yoû rèkeu**mènd** eu **saït**siinng toûr/eunn iks**keûr**jeunn
D'où partons-nous?	**Where do we leave from?**	ouèr dou oui liiv freum
Le bus nous prendra-t-il à l'hôtel?	**Will the bus pick us up at the hotel?**	ouil ðeu beuss pik euss eup æt ðeu hôô**tèl**
Quel est le prix de l'excursion?	**How much does the tour cost?**	haou meutch deuz ðeu toûr kost
A quelle heure partons nous?	**What time do we start?**	ouât taïm dou oui stâârt
Le déjeuner est-il compris?	**Is lunch included?**	iz leunntch inn**kloû**deud
A quelle heure serons-nous de retour?	**What time do we get back?**	ouât taïm dou oui guèt bæk
Aurons-nous un peu de temps libre à ... ?	**Do we have free time in ... ?**	dou oui hæv frii taïm inn
Y a-t-il un guide qui parle français?	**Do you have a French-speaking guide?**	dou yoû hæv eu frèntch **spii**kinng gaïd
Je voudrais engager un guide pour ...	**I'd like a private guide for ...**	aïd laïk eu **praï**veut gaïd foor
une demi-journée	**half a day**	hæf eu déi
toute la journée	**a full day**	eu foul déi

Où est/Où sont . . . ?	**Where is/are the . . . ?**	ouèr iz/ââr ðeu
bibliothèque	**library**	**laï**brèri
Bourse	**stock exchange**	stâk iks**tchéinndj**
Capitole	**Capitol**	**kæ**peuteul
cathédrale	**cathedral**	kæ**θi**dreul
centre commercial	**shopping mall/center**	**châ**pinng mool/**sèn**teur
centre des achats	**shopping area**	**châ**pinng **è**ryeu
centre des affaires	**business district**	**biz**neuss **dis**trikt
centre-ville	**downtown area**	**daoun**taoun **è**ryeu
chapelle	**chapel**	**tchæ**peul
cimetière	**cemetery**	**sè**meutèrI
couvent	**convent**	**kân**veunnt
docks	**docks**	dâks
église	**church**	tcheûrtch
exposition	**exhibition**	èkseu**bi**cheunn
fabrique	**factory**	**fæk**teuri
foire	**fair**	fèr
fontaine	**fountain**	**faoun**teunn
forteresse	**fort**	foort
galerie d'art	**art gallery**	âârt **gæ**leuri
hôtel de ville	**city/town hall**	**si**ti/taoun hool
jardin botanique	**botanical gardens**	beu**tæ**nikeul **gââr**deunnz
jardins	**gardens**	**gââr**deunnz
lac	**lake**	léik
Maison Blanche	**White House**	ouaït haouss
maison des congrès	**conference center/ congress hall**	**kân**feurènss **sèn**teur/ **kâng**(g)reuss hool
maison du gouverneur	**governor's mansion**	**gueu**veurneurz **mæn**cheunn
maison natale de . . .	**birthplace of . . .**	**beûrθ**pléiss euv
marché	**market**	**mââr**keut
marché aux puces	**flea market**	flii **mââr**keut
monastère	**monastery**	**mâ**neustèri
monument commémoratif	**monument memorial**	**mâ**nyeumeunnt meu**môô**ryeul
musée	**museum**	myou**zi**eum
Opéra	**opera house**	**â**preu haouss
palais de justice	**courthouse**	**koort**haouss
parc	**park**	pâârk
Parlement	**statehouse**	**stéit**haouss
place	**square/plaza**	skouèr/**plæ**zeu
planétarium	**planetarium**	plæneu**tè**ryeum
pont	**bridge**	bridj
port	**harbor**	**hââr**beur
quai	**wharf**	ouoorf

quartier des artistes	**artists' quarter**	**ââr**teusts **kouoor**teur
salle de concerts	**concert hall**	**kân**seurt hool
stade	**stadium**	**stéi**dyeum
statue	**statue**	**stæ**tchou
studios T.V.	**television studios**	**tè**leuvijeunn **stoû**dyôôz
théâtre	**theater**	**θi**euteur
tombeau	**tomb**	toûm
tour	**tower**	taour
université	**university**	yoûneu**veûr**seuti
vieille ville	**old part of the city/ town**	ôôld pâârt euv ðeu **si**ti/ taoun
zoo	**zoo**	zoû

Entrée *Admission*

Est-ce que ... est ouvert le dimanche?	**Is ... open on Sundays?**	iz ... **ôô**peunn ân **seunn**diz
Quelles sont les heures d'ouverture?	**What are the opening hours?**	ouât ââr ðeu **ôô**peuninng aourz
Quelle est l'heure de fermeture?	**When does it close?**	ouèn deuz it klôôz
Combien coûte l'entrée?	**What is the admission?**	ouât iz ði eud**mi**cheunn
Y a-t-il une réduction pour ... ?	**Is there any discount for ... ?**	iz ðèr **è**ni **di**skaount foor
enfants	**children**	**tchil**dreunn
étudiants	**students**	**styoû**deunnts
groupes	**groups**	groûps
handicapés	**the disabled**	ðeu di**séi**beuld
retraités	**senior citizens**	**sii**nyeûr **si**tizeunnz
Avez-vous un guide (en français)?	**Do you have a guidebook (in French)?**	dou yoû hæv eu **gaïd**bouk (inn frèntch)
Avez-vous un catalogue?	**Do you have a catalog?**	dou yoû hæv eu **kæt**log
Est-il permis de photographier?	**Is it all right to take pictures?**	iz it ool raït tou téik **pik**tcheurz

ADMISSION FREE	ENTRÉE LIBRE
NO CAMERAS ALLOWED	APPAREILS DE PHOTOS INTERDITS

Qui – Quoi – Quand? *Who – What – When?*

Quel est ce bâtiment?	**What's that building?**	ouâts ðæt **bil**dinng
Qui en est le/l' . . . ?	**Who was the . . . ?**	hoû oueuz ðeu
architecte	**architect**	**ââr**keutèkt
artiste	**artist**	**ââr**teust
peintre	**painter**	**péinn**teur
sculpteur	**sculptor**	**skeulp**teur
Qui l'a bâti?	**Who built it?**	hoû bilt it
Quand a-t-il été bâti?	**When was it built?**	ouèn oueuz it bilt
Qui a peint ce tableau?	**Who painted this picture?**	hoû **péinn**teud ðiss **pik**tcheur
A quelle époque vivait-il?	**When did he live?**	ouèn did hi liv
Où est la maison où vivait . . . ?	**Where's the house where . . . lived?**	ouèrz ðeu haouss ouèr . . . livd
Y a-t-il une visite commentée de . . . ?	**Is there a guided tour of the . . . ?**	iz ðèr eu **gaï**deud toûr euv ðeu
Nous nous intéressons à/aux . . .	**We're interested in . . .**	ouiir **inn**treusteud inn
antiquités	**antiques**	æn**tiiks**
archéologie	**archeology**	ââki**â**leudji
architecture	**architecture**	**ââr**keutèktcheur
Art Déco	**art deco**	âârt **dè**kôô
coloniale	**Colonial**	keu**lôô**nyeul
contemporaine	**contemporary**	keunn**tèm**peurèri
art	**art**	âârt
artisanat	**handicrafts**	**hæn**dikræfts
botanique	**botany**	**bâ**teuni
céramique	**ceramics**	seu**ræ**miks
économie	**economics**	èkeu**nâ**miks
ethnologie	**ethnology**	èθ**nâ**leudji
géologie	**geology**	dji**â**leudji
histoire	**history**	**his**teuri
histoire naturelle	**natural history**	**nætch**reul **his**teuri
littérature	**literature**	**li**teureutchoûr
médecine	**medicine**	**mè**deusseunn
mobilier	**furniture**	**feûr**nitcheur
mode	**fashion**	**fæ**cheunn
musique	**music**	**myoû**zik
numismatique	**coins**	koïnz

ornithologie	**ornithology**	oorneuθâleudji
peinture	**painting**	péinntinng
politique	**politics**	pâleutiks
poterie	**pottery**	pâteuri
religion	**religion**	rilidjeunn
sculpture	**sculpture**	skeulptcheur
zoologie	**zoology**	zôôâleudji
Où est la section de ... ?	**Where's the ... department?**	ouèrz ðeu ... dipâârtmeunnt
C'est ...	**It's ...**	its
beau	**beautiful**	byoûtifel
étonnant	**amazing**	euméizinng
étrange	**strange**	stréinndj
formidable	**fantastic**	fæntæstik
horrible	**horrible**	horeubeul
impressionnant	**impressive**	immprèssiv
intéressant	**interesting**	inntreustinng
joli	**pretty**	priti
laid	**ugly**	eugli
magnifique	**magnificent**	mægnifeusseunnt
romantique	**romantic**	rôômæntik
sinistre	**sinister**	sineusteur
splendide	**superb**	soupeûrb

Services religieux — *Religious services*

Y a-t-il près d'ici un/une ... ?	**Is there a ... nearby?**	iz ðèr eu ... niirbaï
église catholique	**Catholic church**	kæθeulik tcheûrtch
mosquée	**mosque**	mâsk
synagogue	**synagog**	sineugâg
temple protestant	**Protestant church**	prâteusteunnt tcheûrtch
A quelle heure commence le culte/la messe?	**At what time is the service/mass?**	æt ouât taïm iz ðeu seûrveuss/mæss
Où puis-je trouver un ... parlant français?	**Where can I find a ... who speaks French?**	ouèr kæn aï faïnd eu ... hoû spiiks frèntch
pasteur/prêtre/rabbin	**minister/priest/rabbi**	mineusteur/priist/ræbaï
Je voudrais visiter l'église	**I'd like to visit the church.**	aïd laïk tou vizeut ðeu tcheûrtch

A la campagne *In the countryside*

Y a-t-il une route touristique pour ... ?	**Is there a scenic route to ... ?**	iz ðèr eu **sii**nik roût tou
A quelle distance sommes-nous de ... ?	**How far is it to ... ?**	haou fââr iz it tou
Quelle est l'altitude de cette montagne?	**How high is that mountain?**	haou haï iz ðæt **maoun**teunn
Comment s'appelle ce parc national/cette réserve d'Indiens?	**What's this national park/Indian reservation called?**	ouâts ðiss **næ**cheuneul pâârk/**inn**dyounn rèzeur**véi**cheunn koold
Quel est le nom de ce/cet/cette ... ?	**What's the name of that ... ?**	ouâts ðeu néim euv ðæt
animal/oiseau arbre/fleur/plante	**animal/bird** **tree/flower/plant**	æneumeul/beûrd trii/flaour/plænt

canal	**canal**	keu**næl**
champ	**field**	fiild
chemin	**path**	pæθ
chute d'eau	**waterfall**	**ouoo**teurfool
colline	**hill**	hil
écuries	**stables**	**stéi**beulz
étang	**pond**	pând
falaise	**cliff**	klif
ferme	**farm**	fâârm
forêt/bois	**wood**	woud
grotte	**cave**	kéiv
jardin	**garden**	**gââr**deunn
lac	**lake**	léik
mer	**sea**	sii
montagne	**mountain**	**maoun**teunn
plantation	**plantation**	plæn**téi**cheunn
pont	**bridge**	bridj
pré	**meadow**	**mè**dôô
rivière	**river**	**ri**veur
ruisseau	**brook**	brouk
sentier	**footway**	**fout**ouéi
source	**spring**	sprinng
vallée	**valley**	**væ**li
vignoble	**vineyard**	**vin**yeurd
village	**village**	**vi**lidj

POUR DEMANDER SON CHEMIN, voir page 76

Distractions

Dans la plupart des grandes villes, il y a des points de vente centralisés pour les tickets de cinémas et de théâtre ainsi que des agences qui vendent des billets pour les spectacles et concerts spéciaux.

Avez-vous un programme des manifestations?	**Do you have a calendar of events?**	dou yoû hæv eu **kæ**leunnder euv i**vènts**
A quelle heure débute/se termine le/la ... ?	**When does the ... start/end?**	ouèn deuz ðeu ... stâârt/ènd
concert/film représentation spectacle	**concert/movie** **performance** **show**	**kân**seurt/**moû**vi peur**foor**meunss chôô
Faut-il réserver à l'avance?	**Do I have to reserve?**	dou aï hæv tou ri**zeûrv**
Où puis-je obtenir des tickets à prix réduits?	**Where can I get discounted tickets?**	ouèr kæn aï guèt **dis**kaounteud **ti**keuts

Cinéma – Théâtre *Movie theater – Theater*

Qu'y a-t-il ce soir au cinéma?	**What's on at the movies tonight?**	ouâts ân æt ðeu **moû**viz teu**naït**
Où est le cinéma .../ le théâtre ... ?	**Where's the ... movie theater/... theater?**	ouèrz ðeu ... **moû**vi **θi**euteur/... **θi**euteur
Que joue-t-on au théâtre ... ?	**What's playing at the ... theater?**	ouâts **pléi**ing æt ðeu ... **θi**euteur
Quel genre de pièce est-ce?	**What sort of play is it?**	ouât soort euv pléi iz it
Qui en est l'auteur?	**Who's it by?**	hoûz it baï
Pouvez vous me recommander ... ?	**Can you recommend a ... ?**	kæn yoû rèkeu**mènd** eu
(bon) film comédie/musicale	**(good) movie** **comedy/musical**	(goud) **moû**vi **kâ**meudi/**myoû**zikeul
Où donne-t-on le film de ... ?	**Where's the film by ... being shown?**	ouèrz ðeu film baï ... **bi**inng chôôn

SPORTS, voir page 89

Qui en sont les acteurs?	**Who are the actors?**	hoû âår ði **æk**teurz
Qui tient le rôle principal?	**Who's playing the lead?**	hoûz **pléi**inng ðeu liid
Qui est le metteur en scène?	**Who's the director?**	hoûz ðeu deu**rèk**teur
Y a-t-il un spectacle son et lumière?	**Is there a sound-and-light show?**	iz ðèr eu saound ænd laït chôô

Opéra – Ballet – Concert *Opera – Ballet – Concert*

Pouvez-vous me recommander ... ?	**Can you recommend ... ?**	kæn yoû rèkeu**mènd**
ballet/concert opéra/opérette?	**a ballet/a concert an opera/operetta**	eu bæ**léi**/eu **kân**seurt eunn **â**preu/âpeu**rè**teu
Où est l'Opéra/la salle de concerts?	**Where's the opera house/concert hall?**	ouèrz ði **â**preu haouss/ **kân**seurt hool
Que donne-t-on ce soir à l'Opéra?	**What's on at the opera tonight?**	ouâts ân æt ði **â**preu teu**naït**
Qui chante/danse?	**Who's singing/ dancing?**	hoûz **sing**inng/ dænsinng
Quel est l'orchestre qui joue?	**Which orchestra is playing?**	ouitch **oor**keustreu iz **pléi**inng
Que joue-t-on?	**What are they playing?**	ouât âår ðéi **pléi**inng
Qui est le chef d'orchestre/le (la) soliste?	**Who's the conductor/ the soloist?**	hoûz ðeu keunn**deuk**teur/ðeu **sôô**lôôcust

Billets *Tickets*

Y a-t-il encore des billets pour ce soir?	**Are there any tickets left for tonight?**	âår ðèi **è**ni **ti**keuts lèft foor teu**naït**
Combien coûtent les places?	**How much are the seats?**	haou meutch âå ðeu siits
Je voudrais réserver 2 places pour ...	**I'd like to reserve 2 seats for ...**	aïd laïk tou rize**ûrv** 2 siits foor
vendredi (soir) mardi (en matinée)	**Friday (evening) the matinée (on Tuesday)**	**fraï**di (**iiv**ninng) ðeu mæt**néi** (ân **tyoûz**di)

JOURS DE LA SEMAINE, voir page 150

Je voudrais une place ...	**I'd like a seat ...**	aïd laïk eu siit
au balcon au parterre sur la galerie	**on the mezzanine** **in the orchestra** **in the family circle**	ân ðeu **mè**zeuninn inn ði **oor**keustreu inn ðeu **fæ**meuli **seûr**keul
Quelque part au milieu.	**Somewhere in the middle.**	**seum**ouèr inn ðeu **mi**deul
Une loge, s.v.p.	**A box seat, please.**	en bâks siit pliiz
Puis-je avoir un programme, s.v.p.?	**Could I have a program?**	koud aï hæv eu **prôô**græm
Où est le vestiaire?	**Where's the cloakroom?**	ouèrz ðeu **klôôk**roûm

I'm sorry, we're sold out.	Je suis désolé(e), c'est complet.
There are only a few seats left on the mezzanine.	Il ne reste que quelques places au balcon.
Your ticket, please.	Votre billet, s.v.p.

Boîtes de nuit *Nightclubs*

Pouvez-vous me recommander une bonne boîte de nuit?	**Can you recommend a good nightclub?**	kæn yoû rèkeu**mènd** eu goud **naït**kleub
A quelle heure commence le spectacle?	**What time does the show start?**	ouât taïm deuz ðeu chôô stâârt
Faut-il une tenue de soirée?	**Is evening dress required?**	iz **iiv**ninng drèss **rikouaïrd**

Discothèques *Discotheques*

Où pouvons-nous aller danser?	**Where can we go dancing?**	ouèr kæn oui gôô **dæn**sinng
Y a-t-il une discothèque ici?	**Is there a discotheque here?**	iz ðèr eu **dis**keutèk hiir
Voulez-vous danser?	**Would you like to dance?**	would yoû laïk tou dænss

Sports *Sports*

Les Américains sont très portés sur les sports et rien de ce qui y touche ne leur est étranger. Golf, tennis, squash et bowling viennent en tête, suivis de près par le jogging, les randonnées, l'équitation, la pêche, toutes les formes d'athlétisme et de sports nautiques. Là où le climat et le terrain s'y prêtent, les sports d'hiver sont eux aussi pratiqués avec enthousiasme.

Vous pourrez sûrement assister en spectateur à un match de football américain (*football*, une variante du rugby à ne pas confondre avec notre football qui s'appelle *soccer*), de *baseball*, de basket ou encore à des courses de chevaux (avec possibilité de parier) ainsi qu'à des courses de voitures ou de motocyclettes.

Y a-t-il des manifestations sportives en ce moment?	**Are there any sports events going on?**	ââr ðèr **è**ni spoorts i**vènts** gôôinng ân

athlétisme	**track-and-field**	træck ænd fiild
aviron	**rowing**	**rô**ôinng
basket	**basketball**	**bæs**keutbool
boxe	**boxing**	**bâk**sinng
course	**racing**	**réi**ssing
d'automobiles	**car racing**	kââr **réi**ssinng
cycliste	**bicycle racing**	**baï**ssikeul **réi**ssinng
de chevaux	**horse racing**	hoors **réi**ssinng
football	**football**	**fout**bool
tennis	**tennis**	**tè**niss
volleyball	**volleyball**	**vâ**leubool

Y a-t-il un match de football, cette fin de semaine?	**Is there a football game this weekend?**	iz ðèr eu **fout**bool guéim ðiss **ouiik**ènd
Quelles sont les équipes qui jouent?	**Which teams are playing?**	ouitch tiimz ââr **pléi**inng
Pouvez-vous me procurer un billet?	**Can you get me a ticket?**	kæn yoû guèt mi eu **ti**keut
Je voudrais voir une partie de baseball.	**I'd like to see a baseball game.**	aïd laïk tou sii eu **béiss**bool guéim

Où est le champ de courses?	**Where's the race track?**	ouèrz ðeu réiss træk

Et si vous voulez pratiquer un sport:

Y a-t-il un terrain de golf/court de tennis par ici?	**Is there a golf course/ tennis court here?**	iz ðèr eu gâlf koors/**tè**niss koort hiir
Je voudrais jouer au tennis.	**I'd like to play tennis.**	aïd laïk tou pléi **tè**niss
Quel est le tarif par heure/jeu?	**What's the charge per hour/round?**	ouâts ðeu tchâârdj peûr aour/raound
Puis-je louer des raquettes?	**Can I rent rackets?**	kæn aï rènt **ræ**keuts

alpinisme	**mountain climbing**	**maoun**teunn **klaï**minng
canotage	**canoeing**	keu**nôô**inng
cyclisme	**bicycling**	**baïs**siklinng
équitation	**horseback riding**	**hoors**bæk **raï**dinng
golf	**golf**	gâlf
jogging	**jogging**	**djâ**guinng
natation	**swimming**	**soui**minng
patinage	**ice skating**	aïss **skéi**tinng
randonnée	**hiking**	**haï**kinng
surf (planche à voile)	**(wind)surfing**	(ouinnd)**seûr**finng
tennis	**tennis**	**tè**niss
voile	**sailing**	**séi**linng

Peut-on chasser/ pêcher dans les environs?	**Is there any good hunting/fishing around here?**	iz ðèr **è**ni goud **heunn**tinng/**fi**chinng eu**raound** hiir
Faut-il un permis?	**Do I need a permit?**	dou aï niid eu **peûr**mit
Peut-on se baigner dans le lac/la rivière?	**Can one swim in the lake/river?**	kæn oueunn souim inn ðeu léik/**ri**veur
Y a-t-il une piscine par ici?	**Is there a swimming pool here?**	iz ðèr eu **soui**minng poûl hiir
Est-elle couverte ou en plein air?	**Is it an indoor or outdoor pool?**	iz it eunn inn**door** oor aout**door** poûl
Est-elle chauffée?	**Is it heated?**	iz it **hii**teud

Plage *Beach*

Est-ce une plage de sable/de pierres?	**Is the beach sandy/ stony?**	iz ðeu biitch **sændi/stôôni**
Peut-on y nager sans danger?	**Is it safe to swim here?**	iz it séif tou souim hiir
Y a-t-il un gardien de plage?	**Is there a lifeguard?**	iz ðèr eu **laïf**gâârd
L'eau est-elle profonde?	**Is the water deep?**	iz ðeu **ouoo**teur diip
Y a-t-il des courants dangereux?	**Are there any dangerous currents?**	ââr ðèr **èni déinn**djeureuss **keu**reunnts
Y a-t-il de grosses vagues?	**Are there big waves?**	ââr ðèr big ouéivz
A quelle heure est la marée haute/basse?	**What time is high tide/low tide?**	ouât taïm iz haï taïd/lôô taïd
Je voudrais louer ...	**I'd like to rent ...**	aïd laïk tou rènt

bateau à rames	**a rowboat**	eu **rôô**bôôt
cabine de bain	**a cabana**	eu keu**bæ**neu
canot à moteur	**a motorboat**	eu **môô**teurbôôt
chaise longue	**a deck chair**	eu dèk tchèr
équipement de plongée	**some skin-diving equipment**	seum skinn **daï**vinng **ikouip**meunnt
parasol	**a sunshade**	eu **seunn**chéid
planche à voile	**a sailboard**	eu **séil**boord
skis nautiques	**some water skis**	seum **ouoo**teur skiiz
voilier	**a sailboat**	eu **séil**bôôt

PRIVATE BEACH	PLAGE PRIVÉE
NO SWIMMING	BAIGNADE INTERDITE

Sports d'hiver *Winter sports*

Je voudrais skier.	**I'd like to ski.**	aïd laïk tou ski
Y a-t-il une patinoire dans les environs?	**Is there a skating rink nearby?**	iz ðèr eu **skéi**tinng rinngk niir**baï**
Je voudrais louer des patins/un équipement de ski.	**I'd like to rent a pair of skates/some skiing equipment.**	aïd laïk tou rènt eu pèr euv skéits/seum **ski**inng **ikouip**meunnt

Faire connaissance

Présentations *Introductions*

Bonjour! Je m'appelle ...	**Hi. I'm ...**	haï. aïm
Quel est votre nom?	**What's your name?**	ouâts yoor néim
Pouvez-vous le répéter, s.v.p.?	**Sorry, could you repeat it?**	**sâ**ri koud yoû ri**piit** it
Je vous présente ...	**This is .../Meet ...***	ðiss iz .../miit
Enchanté(e).	**Nice to meet you.**	naïss tou miit yoû

Pour mieux faire connaissance *Follow up*

Where do you come from?	D'où venez-vous?
Where are you staying?	Où logez-vous?
How long have you been here?	Depuis combien de temps êtes-vous ici?
Is this your first visit?	Est-ce votre premier séjour?
Do you like it here?	Est-ce que vous vous plaisez ici?
What do you think of the country/the people?	Que pensez-vous du pays/des gens?
Are you here on your own?	Etes-vous seul(e) ici?

Je viens de/du ...	**I'm from ...**	aïm freum
Je suis ...	**I'm ...**	aïm
Belge Canadien(ne) Français(e) Suisse(sse)	**Belgian** **Canadian** **French** **Swiss**	**bèl**djeunn keu**néi**dyeunn frèntch souiss
J'habite chez des amis/à ...	**I'm staying with friends/in ...**	aïm **stéi**inng ouið frèndz/inn

*Formulation familière pour *I'd like to introduce you to ...* (aïd laïk tou inntreu**dyoûss** yoû tou – Puis-je vous présenter ... ?)

PAYS, voir page 146

Nous sommes ici depuis une semaine.	**We've been here a week.**	ouiiv biin hiir eu ouiik
Je me plais beaucoup ici.	**I like it very much here.**	aï laïk it **vè**ri meutch hiir
Le paysage me plaît.	**I love the scenery.**	aï leuv ðeu **sii**neuri
Les gens sont très aimables.	**People are very friendly.**	**pii**peul ââr **vè**ri **frènd**li
Je suis ici avec ...	**I'm with ...**	aïm ouið
ma femme/mon mari	**my wife/husband**	maï ouaïf/ **heuz**beunnd
ma famille	**my family**	maï **fæ**meuli
mes enfants	**my children**	maï **tchil**dreunn
mes parents	**my parents**	maï **pè**reunnts
mon ami	**my boyfriend**	maï **boï**frènd
mon amie	**my girlfriend**	maï **gueûrl**frènd
des amis	**some friends**	seum frèndz

grand-père/grand-mère	**grandfather/ grandmother**	**græn**fââðeur/ **græn**meuðeur
père/mère	**father/mother**	**fââ**ðeur/**meu**ðeur
fils/fille	**son/daughter**	seunn/**doo**teur
frère/sœur	**brother/sister**	**breu**ðeur/**sis**teur
oncle/tante	**uncle/aunt**	**eunng**keul/ænt
neveu/nièce	**nephew/niece**	**nè**fyoû/niiss
cousin/cousine	**cousin**	**keu**zeunn

Etes-vous marié(e)/ célibataire?	**Are you married/ single?**	ââr yoû **mæ**reud/**sinng**-gueul
Avez-vous des enfants?	**Do you have children?**	dou yoû hæv **tchil**dreunn
Quelle est votre profession?	**What's your work?**	ouâts yoor oueûrk
Où travaillez-vous?	**Where do you work?**	ouèr dou yoû oueûrk
Je suis étudiant(e).	**I'm a student.**	aïm eu **styoû**deunnt
Qu'étudiez-vous?	**What are you studying?**	ouât ââr yoû **steu**diinng
Je suis en voyage d'affaires.	**I'm here on business.**	aïm hiir ân **biz**neuss
Voyagez-vous beaucoup?	**Do you travel a lot?**	dou yoû **træ**veul eu lăt

Le temps *The weather*

Quelle belle journée!	**What a beautiful day!**	ouât eu **byoû**tifeul déi
Quel temps affreux!	**What awful weather!**	ouât **oo**feul **ouè**ðeur
Quel froid/Quelle chaleur!	**Isn't it cold/hot?**	**i**zeunnt it kôôld/hât
Il y a du vent aujourd'hui.	**It's a windy day.**	its eu **ouin**di déi
Quelles sont les prévisions pour demain?	**What's the forecast for tomorrow?**	ouâts ðeu **foor**kæst foor teu**mâ**rôô
Est-ce qu'il ...	**Will it ... ?**	ouil it
fera beau	**be a nice day**	bi eu naïss déi
pleuvra	**rain**	réinn
neigera	**snow**	snôô

brouillard	**fog**	fog
chaleur	**heat**	hiit
ciel	**sky**	skaï
éclair	**lightning**	**laït**ninng
étoile	**star**	stâår
gel	**frost**	frost
glace	**ice**	aïss
grêle	**hail**	héil
humidité	**humidity**	hyoû**mi**deuti
lune	**moon**	moûn
neige	**snow**	snôô
nuage	**cloud**	klaoud
orage	**thunderstorm**	**θeunn**deurstoorm
pluie	**rain**	réinn
sécheresse	**drought**	draout
soleil	**sun**	seunn
tempête	**storm**	stoorm
tonnerre	**thunder**	**θeunn**deur
vent	**wind**	ouinnd

Invitations *Invitations*

Voulez-vous venir dîner chez nous le ...	**Would you like to join us for dinner on ...**	woud yoû laïk tou djoïn euss foor **di**neur ân
Puis-je vous inviter à déjeuner?	**I'd like to invite you for lunch.**	aïd laïk tou inn**vaït** yoû foor leunntch

JOURS DE LA SEMAINE, voir page 150

Venez donc prendre un verre chez nous, ce soir.	**Can you come over for a drink this evening?**	kæn yoû keum **ôô**veur foor eu drinngk ðiss **iiv**ninng
Il y a une réception. Viendrez-vous aussi?	**There's a party. Are you coming?**	ðèrz eu **pââr**ti. ââr yoû **keu**minng
C'est très aimable.	**That's very kind of you.**	ðæts **vè**ri kaïnd euv yoû
C'est super! Je viendrai avec plaisir.	**Great! I'd love to come.**	gréit. aïd leuv tou keum
A quelle heure faut-il venir?	**What time does it start?**	ouât taïm deuz it stäärt
Puis-je amener un(e) ami(e)?	**Can I bring a friend?**	kæn aï brinng eu frènd
C'est dommage, mais nous devons partir.	**Sorry, we have to leave.**	**sâ**ri oui hæv tou liiv
La prochaine fois, ce sera à vous de nous rendre visite.	**Next time you must come to visit us.**	nèkst taïm yoû meust keum tou **vi**zeut euss
Merci pour cette très agréable soirée.	**Thanks for a great evening.**	θæng(k)s foor eu gréit **iiv**ninng

Rendez-vous *Dating*

Est-ce que la fumée vous dérange?	**Do you mind if I smoke?**	dou yoû maïnd if aï smôôk
Avez-vous du feu, s.v.p.?	**Do you have a light, please?**	dou yoû hæv eu lait pliiz
Pourquoi riez-vous?	**Why are you laughing?**	ouaï ââr yoû **læ**finng
Mon anglais est-il si mauvais?	**Is my English that bad?**	iz maï **inng**lich ðæt bæd
Puis-je m'asseoir ici?	**Do you mind if I sit here?**	do yoû maind if aï sit hiir
Puis-je vous offrir un verre?	**Can I get you a drink?**	kæn aï guèt yoû eu drinngk
Attendez-vous quelqu'un?	**Are you waiting for someone?**	ââr yoû **ouéi**tinng foor **seum**oueunn
Etes-vous libre ce soir?	**Are you free this evening?**	ââr yoû frii ðiss **iiv**ninng

Voulez-vous sortir avec moi ce soir?	**Would you like to go out with me tonight?**	woud yoû laïk tou gôô aout ouið mi teu**naït**
Qu'aimeriez-vous faire?	**What would you like to do?**	ouât woud yoû laïk tou dou
Aimeriez-vous aller ... ?	**Would you like to ... ?**	woud yoû laïk tou
au cinéma	**go to the movies**	gôô tou ðeu **moûviz**
au restaurant	**go to a restaurant**	gôô tou eu **rè**steureunnt
dans un bar	**go to a bar**	gôô tou eu **bâår**
dans une discothèque	**go to a discotheque**	gôô tou eu **dis**keutèk
danser	**go dancing**	gôô **dæn**sinng
Voulez-vous faire un tour en voiture/une promenade?	**Shall we go for a drive/a walk?**	cheul oui gôô foor eu draïv/eu ouook
Où nous rencontrerons-nous?	**Where shall we meet?**	ouèr cheul oui miit
Je passerai vous prendre à 8 heures (à votre hôtel).	**I'll pick you up (at your hotel) at 8.**	aïl pik yoû eup (æt yoor hôô**tèl**) æt 8
Puis-je te/vous raccompagner?	**Can I take you* home?**	kæn aï téik yoû hôôm
Puis-je te vous revoir?	**Can I see you* again?**	kæn aï sii yoû eu**guèn**

Peut-être aurez-vous envie de répondre ...

Très volontiers.	**That sounds great!**	ðæt saoundz gréit
C'était une bonne soirée, merci.	**Thank you, it was great.**	θængk yoû it oueuz gréit
Je me suis bien amusé(e).	**I had a nice time.**	aï hæd eu naïss taïm
Merci, je n'ai pas le temps.	**Sorry, I'm busy.**	**sâ**ri aïm **bi**zi
Non, cela ne m'intéresse pas, merci.	**No, I'm not interested, thank you.**	nôô aïm nât **inn**treusteud θængk you
Laissez-moi tranquille, s.v.p.	**Leave me alone, please.**	liiv mi eu**lôôn** pliiz

* En anglais *you* signifie à la fois «tu» et «vous».

HEURES, voir page 153

Guide des achats

Ce guide devrait vous aider à trouver aisément et rapidement ce que vous désirez. Il comprend:

1. une liste des principaux magasins et services (pages 98 et 99).
2. des expressions et tournures de phrases qui vous aideront à formuler vos désirs avec précision (p. 100 à 103).
3. des détails sur les commerces et magasins. Vous trouverez conseils, indications utiles, listes alphabétiques des articles et tables de conversion sous les titres suivants:

Commerces et magasins *Shops and stores*

Les commerces de détails et les grands magasins son généralement ouverts du lundi au samedi de 9 ou 10 h. à 17 ou 18 h. Mais de nombreux centres commerciaux ne ferment qu'à 21 h. voire 22 h. et sont ouverts même le dimanche. Les épiceries et les *drugstores* ouvrent également pour la plupart le dimanche.

Notez que presque tous les prix affichés n'incluent pas la *sales tax* (T.V.A. locale) qui varie de 4 à 8 %.

Où est le/la ... le/la plus proche?	**Where's the nearest ... ?**	ouèrz ðeu **nii**reust
Quand ouvre/ferme le/la ... ?	**When does the ... open/close?**	ouèn deuz ðeu ... **ôô**peunn/klôôz
antiquaire	**antique shop**	æn**tiik** châp
bijouterie	**jewelry store**	**djoû**lri stoor
bonbonnerie	**candy store**	**kæn**di stoor
boucherie	**butcher shop**	**bou**tcheur châp
boulangerie	**bakery**	**béi**keuri
boutique de mode	**boutique**	bou**tiik**
bureau de tabac	**tobacco shop**	teu**bæ**kôô châp
centre commercial	**shopping center/mall**	**châ**pinng **sèn**teur/mool
charcuterie	**butcher shop**	**bou**tcheur châp
confiserie	**pastry shop**	**péi**stri châp
disquaire	**record store**	**rè**keurd stoor
droguerie	**drugstore/pharmacy**	**dreug**stoor/**fââr**meussi
électricien	**electric supply store**	i**lèk**trik seu**plaï** stoor
épicerie	**grocery store**	**grôôs**seuri stoor
fleuriste	**florist**	**flo**rist
fourreur	**fur store**	feûr stoor
grand magasin	**department store**	di**pâârt**meunnt stoor
horlogerie	**watch store**	ouâtch stoor
kiosque à journaux	**newsstand**	**nyoûz**stænd
librairie	**bookstore**	**bouk**stoor
magasin de ...	**... store/shop**	... stoor/châp
chaussures	**shoe store**	choû stoor
diététique	**health food store**	hèlθ foûd stoor
jouets	**toy store**	toï stoor
musique	**music store**	**myoû**zik stoor
occasions	**thrift shop**	θrift châp
photo	**camera store**	**kæ**meureu stoor
souvenirs	**souvenir shop**	**soû**veunir châp
sport	**sporting goods store**	**spoor**tinng goudz stoor

tissus	**fabric shop**	**fæ**brik châp
vêtements	**clothing store**	**klôôð**inng stoor
vins et spiritueux	**liquor/package store**	**li**keur/**pæ**kidj stoor
marché	**market**	**mââr**keut
maroquinerie	**leather goods store**	**lèð**eur goudz stoor
mercerie	**dry goods store**	draï goudz stoor
opticien	**optician**	âp**ti**cheunn
papeterie	**stationery store**	**stéi**cheunèri stoor
parfumerie	**perfume shop**	**peûr**fyoûm châp
pâtisserie	**pastry shop**	**péi**stri châp
pharmacie	**drugstore/pharmacy**	**dreug**stoor/**fââ**meussi
poissonnerie	**fish shop**	fich châp
primeur	**vegetable store**	**vèdj**teubeul stoor
supermarché	**supermarket**	**soû**peurmââkeut
traiteur	**delicatessen**	dèlikeu**tès**seunn

SALE/CLEARANCE SOLDES	**LIQUIDATION SALE** LIQUIDATION

Quelques autres services *Some useful services*

agence de voyage	**travel agent**	**træ**veul **éi**djeunnt
banque	**bank**	bængk
bibliothèque	**library**	**laï**brèri
blanchisserie	**laundry**	**loon**dri
coiffeur	**hairdresser**	**hèr**drèsseur
cordonnier	**shoe repair shop**	choû ri**pèr** châp
couturier(ère) (dames)	**dressmaker**	**drèss**méikeur
galerie d'art	**art gallery**	âârt **gæ**leuri
horloger (réparation)	**watch repair shop**	ouâtch ri**pèr** châp
institut de beauté	**beauty parlor**	**byoû**ti **pââ**leur
objets trouvés (bureau des)	**lost and found office**	lost œnd faound **â**feuss
photographe	**photographer**	feu**tâ**greufeur
police (poste de)	**police station**	peu**liiss stéi**cheunn
poste (bureau de)	**post office**	pôost **â**feuss
salon-lavoir	**self-service laundry**	sèlf **seûr**veuss **loon**dri
station-service	**gas station**	gæss **stéi**cheunn
tailleur (messieurs)	**tailor**	**téi**leur
teinturerie	**dry cleaner**	draï **klii**neur
vétérinaire	**veterinarian**	vèteureu**nè**ryeunn

Expressions courantes *General expressions*

Où? *Where?*

Où puis-je acheter/ trouver ...?	**Where can I buy/ find ...?**	ouèr kæn aï baï/faïnd
Où se trouve le quartier commerçant?	**Where's the main shopping area?**	ouèrz ðeu méinn **châ**pinng **è**ryeu
Y a-t-il un grand magasin par ici?	**Is there a department store here?**	iz ðèr eu di**pâârt**meunnt stoor hiir
Comment puis-je y aller?	**How do I get there?**	haou dou aï guèt ðèr

Service *Service*

Pouvez-vous m'aider?	**Can you help me?**	kæn yoû hèlp mi
Je cherche ...	**I'm looking for ...**	aïm **lou**kinng foor
Je ne fais que regarder.	**I'm just looking around.**	aïm djeust **lou**kinng eu**raound**
Avez-vous/Vendez vous ...?	**Do you have/ sell ...?**	dou yoû hæv/sèl
Pouvez-vous me montrer ...?	**Can you show me ...?**	kæn yoû chôô mi
celui-ci/celui-là	**this/that**	ðiss/ðæt
celui qui est dans la vitrine/à l'étalage	**the one in the window/display case**	ðeu oueunn inn ðeu **ouinn**dôô/dis**pléi** kéiss

Description de l'article *Defining the article*

Il devrait être ...	**I'd like ... one.**	aïd laïk ... oueunn
élégant	**an elegant**	eunn **è**ligueunnt
léger	**a light**	eu laït
moderne	**a modern**	eu **ma**deurn
original	**an original**	eunn eu**ri**djeuneul
solide	**a sturdy**	eu **steû**rdi
Je ne veux pas quelque chose de trop cher.	**I don't want anything too expensive.**	aï dôônt ouoont **è**niθinng toû iks**pèn**siv

POUR DEMANDER SON CHEMIN, voir page 76

court/long	**short/long**	choort/lonng
étroit/large	**narrow/wide**	**næ**rôô/oaïd
carré/rond	**square/round**	skouèr/raound
ovale	**oval**	**ôô**veul
rectangulaire	**rectangular**	rèk**tæng**gyeuleur

Préférence *I'd prefer . . .*

Pouvez-vous me montrer autre chose?	**Could you show me something else?**	koud yoû chôô mi **seum**θinng **è**ls
N'avez-vous rien de . . . ?	**Don't you have anything . . . ?**	dôônt yoû hæv **è**niθinng
meilleur marché	**less expensive**	lèss iks**pèn**siv
mieux	**better**	**bè**teur
plus grand/petit	**larger/smaller**	**lââr**djeur/**smoo**leur
C'est trop . . .	**It's too . . .**	its toû
étroit/large	**tight/loose**	taït/loûss
grand/petit	**big/small**	big/smool
clair/foncé	**light/dark**	laït/dâârk

Combien? *How much?*

Combien coûte ceci?	**How much is this?**	haou meutch iz ðiss
Je ne comprends pas.	**I don't understand.**	aï dôônt eunndeur**stænd**
Pouvez-vous me l'écrire?	**Please write it down.**	plizz raït it daoun
Je ne veux pas dépenser plus de . . . dollars.	**I don't want to spend more than . . . dollars.**	aï dôônt ouoont tou spènd moor ðæn . . . **dâ**leurz

Décision *Decision*

Je le prends.	**I'll take it.**	aïl téik it
Non, cela ne me plaît pas.	**No, I don't like it.**	nôô aï dôônt laïk it
Ce n'est pas tout à fait ce que je veux.	**It's not quite what I want.**	its nât kouaït ouât aï ouoont
La couleur/forme ne me plaît pas.	**I don't like the color/ the shape.**	aï dôônt laïk ðeu **keu**leur/ðeu chéip

Autre chose? *Anything else?*

Non merci, c'est tout.	**No thanks, that's all.**	nôô θæng(k)s ðæts ool
Oui, je voudrais ...	**Yes, I'd like ...**	yèss aïd laïk

Commande *Ordering*

Pouvez-vous me le commander?	**Could you order it for me?**	koud yoû **oor**deur it foor mi
Combien de temps cela prendra-t-il?	**How long will it take?**	haou lonng ouil it téik

Livraison *Delivery*

Faites le livrer à l'Hôtel ...	**Deliver it to the ... hotel.**	di**li**veur it tou ðeu ... hôô**tèl**
Pouvez-vous l'envoyer à l'étranger/à cette adresse?	**Could you ship it abroad/to this address?**	koud yoû chip it eu**brood**/ tou ðiss æ**drèss**

Paiement *Paying*

Combien est-ce?	**How much is it?**	haou meutch iz it
Puis-je payer avec cette carte de crédit/un chèque de voyage?	**Can I pay by this card/travelers check?**	kæn aï péi baï ðiss kâârd/ **træ**vleurz tchèk
Y a-t-il une taxe sur les vêtements/les denrées alimentaires?	**Is there a sales tax on clothing/groceries?**	iz ðèr eu séilz tæks ân **klôô**ðinng/**grôôs**seuriz
Dois-je payer la taxe, si je le fais expédier à ... ?	**Do I have to pay the sales tax if you ship it to ... ?**	dou aï hæv tou péi ðeu séilz tæks if yoû chip it tou
Je crois qu'il y a une erreur dans l'addition	**I think there's a mistake in the bill.**	aï θinngk ðerz eu meu**stéik** inn ðeu bil
Puis-je avoir une quittance?	**Could I have a receipt?**	koud aï hæv eu ri**siit**
Pouvez-vous me l'emballer?	**Could you wrap it for me?**	koud yoû kæp it foor mi
Pourrais-je avoir un sac, s.v.p.?	**Could I have a bag, please?**	koud aï hæv eu bæg pliiz

Can I help you?	Puis-je vous aider?
What would you like?	Que désirez-vous?
I'm sorry, we don't carry that.	Je suis désolé(e), nous ne tenons pas cet article.
We're out of stock.	Nous sommes en rupture de stock.
Shall we order it?	Faut-il vous le commander?
That comes to . . .	Cela fait . . .
Cash or charge?	Payez-vous comptant ou avec une carte de crédit?

Mécontent? *Dissatisfied?*

Pourriez-vous m'échanger ceci?	**Could you exchange this, please?**	koud yoû iks**tchéinndj** ðiss pliiz
Je voudrais rendre ceci.	**I'd like to return this.**	aïd laïk tou ri**teûrn** ðiss
Je voudrais être remboursé(e).	**I'd like a refund.**	aïd laïk eu **rii**feunnd
Voici la quittance.	**Here's the receipt.**	hirrz ðeu ri**siit**

Dans un grand magasin *At the department store*

Où est . . . ?	**Where is . . . ?**	ouèr iz
l'ascenseur	**the elevator**	ði **è**leuvéiteur
la caisse	**the cashier**	ðeu **kæ**chyeur
l'escalier	**the staircase**	ðeu **stèr**kéiss
l'escalier roulant	**the escalator**	ði **ès**keuléiteur
le service clientèle	**customer service**	**keus**leumeur **seûr**veuss
A quel étage/quel rayon?	**On which floor/In which department?**	ân oultch floor/inn ouitch di**pâârt**meunnt

ENTRANCE/EXIT	ENTRÉE/SORTIE
EMERGENCY EXIT	SORTIE DE SECOURS
RESTROOMS	TOILETTES

Appareils électriques *Electric and electronic equipment*

Le courant est partout alternatif 110 volts, 60 Hz. Les prises mâles portent 2 broches plates. Vous aurez donc sans doute besoin d'un transformateur et (ou) d'un adaptateur. N'achetez si possible que des appareils à double voltage (*dual voltage* – **dyoû**eul **vôô**ltidj), si vous comptez les ramener en Europe.

Avez-vous une pile pour ceci?	**Do you have a battery for this?**	dou yoû hæv eu **bæ**teuri foor ðiss
C'est cassé. Pouvez-vous le réparer?	**This is broken. Can you repair it?**	ðiss iz **brôô**keunn. kæn yoû ri**pèr** it
Pouvez-vous me montrer comment cela fonctionne?	**Could you show me how it works?**	koud yoû chôô mi haou it oueûrks
Est-ce que ce ... fonctionnera en 220 volts?	**Will this ... work with 220 volts?**	ouil ðiss ... oueûrk ouið tou **heunn**dreud ænd **touèn**ti vôôlts
Je voudrais ...	**I'd like ...**	aïd laïk
ampoule	**a light bulb**	eu laït beulb
calculatrice de poche	**a pocket calculator**	eu **pâ**keut **kæl**kyeuléiteur
écouteurs	**some headphones**	seum **hèd**fôônz
fer à repasser (de voyage)	**a (travel) iron**	eu (**træ**veul) aïrn
fusible pour ...	**a fuse for ...**	eu fyoûz foor
haut-parleurs	**some speakers**	seum **spii**keurz
lecteur CD	**a CD player**	eu si-**di pléi**eur
magnétoscope	**a video recorder**	eu **vi**dyôô ri**koor**deur
prise pour ...	**a plug for ...**	eu pleug foor
prise de raccordement	**an adapter**	eunn eu**dæp**teur
radio	**a radio**	eu **réi**dyôô
auto radio	**a car stereo**	eu kâar **stè**ryôô
radio-cassette (portable)	**a (portable) radio cassette recorder**	eu (**poor**teubeul) **réi**dyôô keu**sèt** ri**koor**deur
de poche	**a pocket radio**	eu **pâ**keut **réi**dyôô
radio-réveil	**a clock radio**	eu klâk **réi**dyôô
rallonge électrique	**an extension cord**	eunn iks**tèn**cheunn koord
rasoir	**a shaver**	eu **chéi**veur
sèche-cheveux	**a hair dryer**	eu hèr draïr
téléviseur (portable)	**a (portable) TV**	eu (**poor**teubeul) ti-vi
tourne-disque	**a record player**	eu **rè**keurd **pléi**eur
transformateur	**a transformer**	eu trænss**foor**meur

DISQUES ET CASSETTES, voir page 127

Bijouterie – Horlogerie *Jewelry store – Watch store*

Pourrais-je voir ceci, s.v.p.?	**Could I have a look at that?**	koud aï hæv eu louk æt ðæt
Je voudrais quelque chose en or/argent.	**I'd like something in gold/silver.**	aïd laïk **seum**θinng inn gôôld/**sil**veur
Je voudrais un petit cadeau pour ...	**I'd like a small present for ...**	aïd laïk eu smool **prè**zeunnt foor
Est-ce ... ?	**Is this ... ?**	iz ðiss
de l'argent (véritable)	**sterling silver**	**steur**linng **sil**veur
de l'or	**gold**	gôôld
du maillechort	**nickel silver**	**ni**keul **sil**veur
Combien de carats y a-t-il?	**How many carats is this?**	haou **mèni kæ**reuts iz ðiss
Pouvez-vous réparer cette montre?	**Can you repair this watch?**	kæn yoû ri**pèr** ðiss ouâtch
Elle avance/retarde.	**It is fast/slow.**	it iz fæst/slôô
Je voudrais ...	**I'd like ...**	aïd laïk
alliance	**a wedding band**	eu **ouè**dinng bænd
argenterie	**some silverware**	seum **sil**veurouèr
bague	**a ring**	eu rinng
de fiançailles	**an engagement ring**	eunn inn**guéidj**meunnt rinng
boucles d'oreilles	**some earrings**	seum **iir**rinngz
boutons de manchettes	**some cuff links**	seum keuf linng(k)s
bracelet	**a bracelet**	eu **bréiss**leut
-anneau	**a bangle bracelet**	eu **bæng**gueul **bréiss**leut
de montre	**a watchband**	eu **ouâtch**bænd
breloque	**a charm**	eu tchâârm
briquet	**a cigarette lighter**	eu sigueu**rèt laï**teur
broche	**a brooch**	eu brôôtch
chaîne/chaînette	**a chain**	eu tchéinn
chapelet	**a rosary**	eu **rôô**zeuri
chevalière	**a signet ring**	eu **sig**neut rinng
coffret à bijoux	**a jewel box**	eu **djoû**eul bâks
collier	**a necklace**	eu **nèk**leuss
de perles	**a pearl strand**	eu peûrl strænd
couverts	**some flatware**	seum **flæt**ouèr
croix	**a cross**	eu kross
épingle (à cravate)	**a (tie)pin**	eu (taï)pinn

montre	**a watch**	eu ouâtch
analogique	**analog**	**æ**neulog
automatique	**automatic**	ooteu**mæ**tik
-bracelet	**a wristwatch**	eu **rist**ouâtch
chronomètre	**a stopwatch**	eu **stâp**ouâtch
digitale	**digital**	**di**djeuteul
étanche	**water resistant**	**ouoo**teur ri**sis**teunnt
à quartz	**quartz**	kouoorts
avec aiguille de secondes	**with a second hand**	ouið eu **sè**keunnd hænd
pendentif	**a pendant**	eu **pèn**deunnt
pendule	**a wall clock**	eu ouool klâk
pierre précieuse	**a gem**	eu djèm
pince à cravate	**a tie tac/tie clip**	eu taï tæk/taï klip
réveil	**an alarm clock**	eunn eu**lâârm** klâk

Quelle matière/pierre est-ce? — **What kind of material/stone is this?** — ouât kaïnd euv meu**tii**ryeul/stôôn iz ðiss

ambre	**amber**	**æm**beur
améthyste	**amethyst**	**æ**meuθeust
argent	**silver**	**sil**veur
argenté	**silver plated**	**sil**veur **pléi**teud
chrome	**chrome**	krôôm
corail	**coral**	**ko**reul
cristal	**crystal**	**kris**teul
cuivre	**copper**	**kâ**peur
diamant	**diamond**	**daï**meunnd
émail	**enamel**	i**næ**meul
émeraude	**emerald**	**è**meureuld
étain	**pewter**	**pyoû**teur
grenat	**garnet**	**gââr**neut
ivoire	**ivory**	**aï**veuri
jade	**jade**	djéid
nacre	**mother-of-pearl**	**meu**ðeur euv peûrl
onyx	**onyx**	**â**niks
or	**gold**	gôôld
plaqué or	**gold plated**	gôôld **pléi**teud
perle	**pearl**	peûrl
platine	**platinum**	**plæt**neum
rubis	**ruby**	**roû**bi
saphir	**sapphire**	**sæ**faïr
topaze	**topaz**	**tôô**pæz
turquoise	**turquoise**	**teûr**koïz
verre taillé	**cut glass**	keut glæss

Bureau de tabac *Tobacco shop*

Les cigarettes achetées au kiosque ou dans un supermarché sont moins chères que dans les distributeurs. Les bureaux de tabac ne vendent ni cartes postales ni sucreries. Vous trouverez ces articles dans les *drugstores* et supermarchés.

Un paquet de cigarettes ..., s.v.p.	**A pack of ... (cigarettes), please.**	eu pæk euv ... (sigueu**rèts**) pliiz
avec filtre	**filter cigarettes**	**fil**teur sigueu**rèts**
sans filtre	**without filters**	ouiðaout **fil**teurz
légères/fortes	**light/strong**	laït/stronng
mentholées	**menthol cigarettes**	**mèn**θol sigueu**rèts**
Avez-vous des cigarettes européennes/françaises?	**Do you have any European/French cigarette brands?**	dou yoû hæv **è**ni yoûreu**pi**eunn/frèntch sigueu**rèt** brændz
Je voudrais une cartouche.	**I'd like a carton.**	aïd laïk eu **kâår**teunn
Donnez-moi ..., s.v.p.	**Give me ..., please.**	guiv mi ... pliiz
allumettes	**some matches**	seum **mæ**tcheuz
briquet	**a lighter**	eu **laï**teur
essence à briquet	**some lighter fuel**	seum **laï**teur fyoûl
gaz à briquet	**some lighter gas**	seum **laï**teur gæss
cigares	**some cigars**	seum si**gâârz**
étui à cigarettes	**a cigarette case**	eu sigueu**rèt** kéiss
fume-cigarette	**a cigarette holder**	eu sigueu**rèt hôôl**deur
pipe	**a pipe**	eu païp
bourre-pipe	**a pipe tool**	eu païp toûl
cure-pipes	**some pipe cleaners**	seum païp **klii**neurz
tabac pour pipe	**some pipe tobacco**	seum païp teu**bæ**kôô

N.B. Dans de nombreux lieux publics et de plus en plus, des panneaux indiquent qu'il est absolument interdit dc fumer. Les contrevenants sont passibles d'amende. Dans la plupart des restaurants il y a des coins non-fumeurs.

NO SMOKING

INTERDICTION DE FUMER

Matériel de camping *Camping equipment*

Je voudrais ...	**I'd like ...**	aïd laïk
allumettes (résistantes à l'eau)	**some (waterproof) matches**	seum (**ouoo**teurproûf) **mæ**tcheuz
attirail de pêche	**some fishing tackle**	seum **fi**chinng **tæ**keul
bidon à eau	**a water canteen**	eu **ouoo**teur kæn**tiin**
boîte à provisions	**a food container**	eu foûd keunn**téi**neur
bougies	**some candles**	seum **kæn**deulz
boussole	**a compass**	eu **keum**peuss
broche	**a skewer**	eu **skyoû**eur
cadenas	**a padlock**	eu **pæd**lâk
canif	**a pocketknife**	eu **pâ**keutnaïf
casserole	**a saucepan**	eu **sooss**pæn
chaise longue	**a deck chair**	eu dèk tchèr
chaise pliante	**a folding chair**	eu **fôôl**dinng tchèr
charbon de bois	**some charcoal briquets**	seum **tchââr**kôôl bri**kèts**
ciseaux	**a pair of scissors**	eu pèr euv **si**zeurz
clous	**some nails**	seum néilz
corde	**a rope**	eu rôôp
élément réfrigérant	**a cooler ice pack**	eu **koû**leur aïss pæk
ficelle	**some string**	seum strinng
gaz butane	**some butane gas**	seum **byoû**téinn gæss
glacière	**an ice chest**	eunn aïss tchèst
gonfleur	**an air pump**	eunn èr peump
gourde	**a sports canteen**	eu sporuts kæn**tiin**
gril	**a grill**	eu gril
hamac	**a hammock**	eu **hæ**meuk
insecticide	**an insect killer**	eunn **inn**sèkt **ki**leur
lampe (à huile)	**a(n oil) lamp**	eu(nn oïl) læmp
lampe de poche	**a flashlight**	eu **flæch**laït
lanterne (à propane)	**a (propane) lantern**	eu (**prôô**péinn) **læn**teurn
lessive liquide/poudre	**a laundry detergent liquid/powder**	eu **loon**dri di**teûr**djeunnt **li**koueud/**paou**deur
lit de camp	**a camp bed**	eu kæmp bèd
maillet	**a mallet**	eu **mæ**leut
marteau	**a hammer**	eu **hæ**meur
mât de tente	**a tent pole**	eu tènt pôôl
matelas pneumatique	**an air mattress**	eunn èr **mæ**treuss
moustiquaire	**a mosquito net**	eu meu**skii**tôô nèt
ouvre-boîte	**a can opener**	eu kæn **ôô**peuneur
ouvre-bouteilles	**a bottle opener**	eu **bâ**teul **ôô**peuneur
panier à pique-nique	**a picnic basket**	eu **pik**nik **bæ**skeut
papier aluminium	**some aluminum foil**	seum eu**lou**meuneum foïl

pétrole	**some kerosene**	seum **kè**reussiin
pinces à linge	**some clothespins**	seum **klôô**ðzpinnz
piquets de tente (sardines)	**some tent pegs**	seum tènt pègz
poêle à frire	**a skillet/frying pan**	eu **ski**leut/**fraï**inng pæn
poignées (gants) pour casseroles	**some pot holders**	seum pât **hôôl**deurz
produit à vaisselle	**a dish detergent**	eu dich di**teûr**djeunnt
propane	**some propane gas**	seum **prôô**péinn gæss
réchaud à gaz	**a propane stove**	eu **prôô**péinn stôôv
sac de couchage	**a sleeping bag**	eu **slii**pinng bæg
sac à dos	**a backpack**	eu **bæk**pæk
sac en plastique	**a plastic bag**	eu **plæ**stik bæg
sacs poubelles	**some garbage bags**	seum **gââr**bidj bægz
seau	**a bucket**	eu **beu**keut
serviettes en papier	**some paper napkins**	seum **péi**peur **næp**keunnz
table pliante	**a folding table**	eu **fôôl**dinng **téi**beul
tenailles	**a pair of tongs**	eu pèr euv tângz
tente	**a tent**	eu tènt
thermos	**a vacuum bottle**	eu **vae**kyoûeum **bă**teul
tire-bouchon	**a corkscrew**	eu **koork**skroû
tournevis	**a screwdriver**	eu **skroû**draïveur
trousse à outils	**a toolbox**	eu **toûl**bâks
trousse de premiers secours	**a first-aid kit**	eu feûrst éid kit
vaisselle	**some dishes**	seum **di**cheuz

Vaisselle *Dishes*

assiettes	**plates**	pléits
sous-tasses	**saucers**	**soos**seurz
tasses	**cups**	keups
grandes tasses	**mugs**	meugz
... en carton	**cardboard ...**	**kâârd**boord
... en plastique	**plastic ...**	**plæ**stik

Couverts *Flatware*

couteaux	**knives**	naïvz
cuillères	**spoons**	spoûnz
à thé	**teaspoons**	**tii**spoûnz
fourchettes	**forks**	foorks
acier inoxydable	**stainless steel**	**stéinn**leuss stiil

Habillement *Clothing*

Généralités *General*

Où y a-t-il un bon magasin de vêtements pour ...?	**Where's there a good clothing store for ...?**	ouèrz ðèr eu goud **klôô**ðinng stoor foor
dames/messieurs/ enfants	**women/men/ children**	**oui**meunn/mèn/ **tchil**dreunn
Je voudrais un pull pour ...	**I'd like a sweater for ...**	aïd laïk eu **souè**teur foor
dame/homme/ garçon/fille (de 10 ans)	**a woman/a man/ a (10-year-old) boy/ girl**	eu **wou**meunn/eu mæn/eu (10 yiir ôôld) boï/gueûrl
Celui qui est dans la vitrine me plaît.	**I like the one in the window.**	aï laïk ðeu oueunn inn ðeu **ouinn**dôô

Taille *Size*

Les tailles des habits et les pointures de souliers varient souvent d'un fabriquant à l'autre. Les données qui figurent dans les tableaux ci-dessous n'ont donc qu'une valeur indicative.

Messieurs

Chemises

U.S.A.	14	14½	15	15½	16	16½	17	17½	18
F	36	37	38	39	40	41	42	43	44

Souliers

U.S.A.	7	7½	8	8½	9	10	11	12	13
F	39	40	41	42	43	44	45	46	47

Dames

Robes, jupes, blouses, etc.

U.S.A.	8/30	10/32	12/34	14/36	16/38	18/40
F	38	40	42	44	46	48

Souliers

U.S.A.	4½	5	5½	6	6½	7	7½	8	8½	9	9½	10
F	35½	36	36½	37	37½	38	38½	39	39½	40	40½	41

VÉTEMENTS ET ACCESSOIRES, voir pages 114 et 115

petit	**small (S)**	smool
moyen	**medium (M)**	**mii**dyeum
grand/extra grand	**large (L)/extra large (XL)**	lâârdj/**èk**streu lâârdj
plus grand/petit	**larger/smaller**	**lââr**djeur/**smoo**leur

Je porte du 38 (européen).	**I take (European) size 38.**	aï téik (yoûreu**pi**eunn) saïz 38
Je ne connaîs pas les tailles américaines.	**I don't know the American sizes.**	aï dôônt nôô ði eu**mè**reukeunn **saï**zeuz
Pouvez-vous prendre mes mesures?	**Could you measure me?**	koud yoû **mè**jeur mi

Couleur *Color*

argent	**silver**	**sil**veur
beige	**beige**	béij
blanc	**white**	ouaït
bleu	**blue**	bloû
brun	**brown**	braoun
gris	**gray**	gréi
jaune	**yellow**	**yè**lôô
lilas	**lilac**	**laï**leuk
noir	**black**	blæk
or	**gold(en)**	**gôôl**deunn
orange	**orange**	ârinndj
rose	**pink**	pinngk
rouge	**red**	rèd
turquoise	**turquoise**	**teür**koïz
vert	**green**	griin
violet	**violet**	**vaï**leut
... clair	**light ...**	laït
... foncé	**dark ...**	däärk

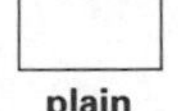
plain (pléinn)

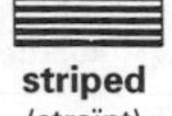
striped (straïpt)

polka-dot (**pol**keu dât)

check (tchèk)

patterned (**pæ**teurnd)

Je voudrais quelque chose de rouge.	**I'd like something in red.**	aïd laïk **seum**θinng inn rèd

CHIFFRES, voir page 147

Je voudrais ...	**I'd like ...**	aïd laïk
un ton plus clair/plus foncé	**a lighter shade/a darker shade**	eu **laï**teur chéid/eu **dââr**keur chéid
quelque chose d'assorti à cela	**something to match this**	**seum**θinng tou mætch ðiss
quelque chose de bariolé	**something colorful**	**seum**θinng **keu**leurfuel
Je voudrais une autre couleur/la même couleur que ...	**I'd like another color/ the same color as ...**	aïd laïk eu**neu**ðeur **keu**leur/ðeu séim **keu**leur euz

Tissus *Fabrics*

Quel genre de tissu est-ce?	**What fabric/material is it?**	ouât **fæ**brik/meu**tii**ryeul iz it
Je voudrais quelque chose en ...	**I'd like something in ...**	aïd laïk **seum**θinng inn

batiste	**cambric**	**kéim**brik
chiffon	**chiffon**	chi**fân**
coton	**cotton**	**kâ**teunn
crêpe	**crepe**	kréip
cuir	**leather**	**lè**ðeur
daim	**suede**	souéid
dentelle	**lace**	léiss
feutre	**felt**	fèlt
flanelle	**flannel**	**flæ**neul
gabardine	**gabardine**	**gæ**beurdinn
laine	**wool**	woul
lin	**linen**	**li**neunn
peigné	**worsted**	**wous**teud
poil de chameau	**camel hair**	**kæ**meul hèr
popeline	**poplin**	**pâ**pleunn
satin	**satin**	**sæ**teunn
soie	**silk**	silk
tissu éponge	**terry cloth**	**tè**ri kloθ
toile de jeans	**denim**	**dè**neum
velours	**velvet**	**vèl**veut
velours côtelé	**corduroy**	**koor**deuroï

Je voudrais quelque chose de plus mince/épais.	**I'd like something thinner/thicker.**	aïd laïk **seum**θinng **θi**neur/**θi**keur

Est-ce … ?	**Is it … ?**	iz it
pur(e) coton/laine synthétique	**pure cotton/wool synthetic**	pyoûr **kâ**teunn/woul sinn**θè**tik
Est-ce fabriqué ici/ importé?	**Is it made here/ imported?**	iz it méid hiir/ imm**poor**teud
Est-ce fait main?	**Is it handmade?**	iz it **hæn**méid
Peut-on le laver à main/machine?	**Is it hand washable/ machine washable?**	iz it hænd **ouo**cheubeul/ meu**chinn ouo**cheubeul
Est-ce que cela rétré- cit au lavage?	**Will it shrink?**	ouil it chrinngk
Est-ce … ?	**Is it … ?**	iz it
d'entretien facile grand teint infroissable	**easy-care colorfast wrinkle-free**	**ii**zi kèr **keu**leurfæst **ringg**keul frii

Puisque nous parlons tissus:

Que coûte un yard? (=0,91 m.)	**How much is it per yard?**	haou meutch iz it peûr yâârd
Je voudrais 2 yards de ce tissu.	**I'd like 2 yards of this fabric.**	aïd laïk 2 yâârdz euv ðiss **fæ**brik

Un bon essayage *A good fit*

Puis-je l'essayer?	**Can I try it on?**	kæn aï traï it ân
Où est la cabine d'essayage?	**Where's the fitting room?**	ouèrz ðeu **fi**tinng roûm
Y a-t-il un miroir?	**Is there a mirror?**	iz ðèr eu **mi**reur
Cela va très bien.	**It fits very well.**	it fits **vè**ri ouèl
Cela ne ma va pas.	**It doesn't fit.**	it **deu**zeunnt fit
C'est trop …	**It's too …**	its toû
court/long étroit/ample	**short/long tight/loose**	choort/lonng taït/loûss
Pouvez-vous le retoucher?	**Can you alter it?**	kæn yoû **ool**teur it
Combien de temps faut-il pour la retouche?	**How long will it take to alter?**	haou lonng ouil it téik tou **ool**teur

TAILLES, voir page 110/TABLES DE CONVERSION, voir page 157

Vêtements *Clothes*

Je voudrais ...	**I'd like ...**	aïd laïk
anorak	**an anorak**	eunn **æ**neuræk
bas	**a pair of stockings**	eu per euv **stâ**kinngz
bikini	**a bikini**	eu bik**ii**ni
blouse	**a blouse**	eu blaouz
chaussettes/mi-bas	**a pair of socks/knee socks**	eu pèr euv sâks/nii sâks
chemise	**a shirt**	eu cheûrt
chemise de nuit courte/longue	**a nightshirt/ a nightgown**	eu **naït**cheûrt/ eu **naït**gaoun
chemisier	**a shirt**	eu cheûrt
collant	**a panty hose**	eu **pæn**ti hôôz
complet/costume	**a suit**	eu soût
costume de bain	**a swimsuit**	eu **souim**soût
culotte	**a pair of panties**	eu pèr euv **pæn**tiz
gaine	**a girdle**	eu **gueûr**deul
gilet	**a vest**	eu vèst
gilet de laine	**a cardigan sweater**	eu **kâår**digueunn **souè**teur
imperméable	**a raincoat**	eu **réinn**kôôt
jeans	**a pair of jeans**	eu pèr euv djinnz
jupe	**a skirt**	eu skeûrt
jupon	**a slip**	eu slip
maillot de bain (hommes)	**a pair of swim trunks**	eu pèr euv souim treunng(k)s
maillot de corps	**an undershirt**	eunn **eunn**deurcheûrt
manteau	**a coat**	eu kôôt
de fourrure	**a fur coat**	eu feûr kôôt
de pluie	**a raincoat**	eu **réinn**kôôt
pantalon	**a pair of pants**	eu pèr euv pænts
peignoir	**a robe**	eu rôôb
de bain	**a bathrobe**	eu **bæθ**rôôb
pullover	**a sweater**	eu **souè**teur
à col roulé	**turtleneck**	**teûr**teulnèk
à encolure ronde	**crew-neck**	kroû nèk
à encolure en V	**V-neck**	vi nèk
pyjama	**a pair of pajamas**	eu pèr euv peu**djââ**meuz
robe	**a dress**	eu drèss
à manches courtes/ longues	**with short/long sleeves**	ouið choort/lonng sliivz
sans manches	**sleeveless**	**sliiv**leuss
robe du soir	**an evening dress**	eunn **iiv**ninng drèss
shorts	**a pair of shorts**	eu pèr euv choorts
slip (dames)	**a pair of briefs**	eu pèr euv briifs

slip (messieurs)	**a pair of underpants/ briefs**	eu pèr euv **eunn**deur-pænts/briifs
sous-vêtements	**some underwear**	seum **eunn**deurouèr
soutien-gorge	**a bra**	eu brââ
survêtement (sport)	**a sweat suit**	eu souèt soût
tablier	**an apron**	eunn **éi**preunn
tailleur	**a suit**	eu soût
veston	**a jacket**	eu **djæ**keut
vêtements d'enfants	**some children's clothes**	seum **tchil**dreunnz klôôðz
vêtements de sports	**some sportswear**	seum **spoort**souèr

Accessoires *Accessories*

bonnet du bain	**a bathing cap**	eu **béi**θinng kæp
bretelles	**some suspenders**	seum seu**spèn**deurz
boutons de manchette	**a pair of cuff links**	eu pèr euv keuf linng(k)s
casquette	**a cap**	eu kæp
ceinture	**a belt**	eu bèlt
chapeau	**a hat**	eu hæt
cravate	**a tie**	eu taï
foulard	**a scarf**	eu skâârf
gants	**a pair of gloves**	eu pèr euv gleuvz
mouchoir	**a handkerchief**	eu **hæng**keurtcheuf
nœud papillon	**a bow tie**	eu bôô taï
parapluie	**an umbrella**	eunn eum**brè**leu
portefeuille	**a wallet**	eu **ouâ**leut
porte-monnaie	**a purse**	eu peûrs
sac à main	**a handbag**	eu **hæn**bæg

aiguille	**a needle**	eu **nii**deul
boucle	**a buckle**	eu **beu**keul
bouton	**a button**	eu **beu**teunn
bouton-pression	**a snap fastener**	eu snæp **fæss**neur
col	**a collar**	eu **kâ**leur
élastique	**a rubber band**	eu **reu**beur bænd
épingle	**a pin**	eu pinn
de sûreté	**a safety pin**	eu **séif**ti pinn
fermeture éclair	**a zipper**	eu **zi**peur
fil	**some thread**	seum θrèd
manche	**a sleeve**	eu sliiv
poche	**a pocket**	eu **pâ**keut

Chaussures *Shoes*

Je voudrais une paire de ...	**I'd like a pair of ...**	aïd laïk eu pèr euv
bottles	**boots**	boûts
en caoutchouc	**rubbers**	**reu**beurz
en cuir	**leather boots**	**lè**ðeur boûts
chaussures	**shoes**	choûz
plates/à talons (hauts)	**flat/with a (high) heel**	flæt/ouið eu (haï) hiil
avec une semelle cuir/caoutchouc	**with leather soles/ rubber soles**	ouið **lè**ðeur sôôlz/ **reu**beur sôôlz
de gymnastique	**athletic shoes**	æθ**lè**tik choûz
de marche	**walking shoes**	**ouoo**kinng choûz
de montagne	**hiking boots**	**haï**kinng boûts
de tennis	**tennis shoes**	**tè**niss choûz
pantoufles	**slippers**	**sli**peurz
sandales	**sandals**	**sæn**deulz
cuir/daim/toile	**leather/suede/ canvas**	**lè**ðeur/souéid/**kæn**veuss
Est-ce du cuir véritable?	**Is it genuine leather?**	iz it **djè**nyoueunn **lè**ðeur
Elles sont trop ...	**These are too ...**	ðiiz ââr toû
étroites/larges grandes/petites	**narrow/wide large/small**	**næ**rôô/ouaïd lâârdj/smool
Avez-vous une pointure plus grande/ petite?	**Do you have a larger/ smaller size?**	dou yoû hæv eu **lâârd**jeur/**smoo**leur saïz
Avez-vous les mêmes en noir?	**Do you have the same in black?**	dou yoû hæv ðeu séim inn blæk
J'ai besoin de crème à chaussures/lacets/ semelles intérieures.	**I need some shoe polish/shoelaces/ insoles.**	aï niid seum choû **pâ**lich/ **choû**léisseuz/**inn**sôôlz

Réparations de chaussures *Shoe repairs*

Pouvez-vous réparer ces chaussures?	**Can you repair these shoes?**	kæn yoû ri**pèr** ðiiz choûz
Pouvez-vous coudre cela?	**Can you stitch this?**	kæn yoû stitch ðiss
Je voudrais un ressemelage complet.	**I'd like them soled and heeled.**	aïd laïk ðèm sôôld ænd hiild

POINTURES, voir page 110/COULEURS, voir page 111

Librairie – Papeterie *Bookstore – Stationery*

Où est le/la ... le/la plus proche?	**Where's the nearest ... ?**	ouèrz ðeu **nii**reust
kiosque à journaux	**newsstand**	**nyoûz**stænd
librairie	**bookstore**	**bouk**stoor
papeterie	**stationery store**	**stéi**cheunèri stoor
Où puis-je acheter un journal belge/français/suisse?	**Where can I buy a Belgian/French/Swiss newspaper?**	ouèr kæn aï baï eu **bèld**-jeunn/frèntch/souiss **nyoûz**péipeur
Avez-vous des revues canadiennes?	**Do you have Canadian magazines?**	dou yoû hæv keu**néi**-dyeunn **mæ**gueuzinnz
Avez-vous une photocopieuse/un téléfax?	**Do you have a copier/a fax service?**	dou yoû hæv eu **kâ**pyeur/eu fæks **seûr**-veuss
Où sont les guides?	**Where's the travel section?**	ouèrz ðeu **træ**veul **sèk**-cheunn
Je voudrais ...	**I'd like ...**	aïd laïk
carte (routière)	**a (road) map**	eu (rôôd) mæp
guide de voyage	**a guidebook**	eu **gaïd**bouk
plan de ville	**a street map**	eu striit mæp

En librairie:

Avez-vous des livres français?	**Do you have any French books?**	dou yoû hæv **è**ni frèntch bouks
Avez-vous des livres d'occasion?	**Do you have any secondhand books?**	dou yoû hæv **è**ni **sè**keunnhænd bouks
Je voudrais un roman en anglais (pas trop difficile).	**I'd like a novel in (not too difficult) English.**	aïd laïk eu **nâ**veul inn (nât toû **di**fikeult) **inng**lich
Je voudrais ...	**I'd like ...**	aïd laïk
dictionnaire	**a dictionary**	eu **dik**cheunèri
anglais-français	**English-French**	**inng**lich-frèntch
de poche	**pocket**	**pâ**keut
livre	**a book**	eu bouk
d'enfants	**a children's book**	eu **tchil**dreunnz bouk
de grammaire	**a grammar book**	eu **græ**meur bouk
d'images	**a picture book**	eu **pik**tcheur bouk
de poche	**a paperback**	eu **péi**peurbæk
roman policier	**a crime thriller**	eu kraïm **θri**leur

A la papeterie:

agenda	**an agenda**	eunn eu**djèn**deu
agrafes	**some staples**	seum **stéi**peulz
bloc à dessins	**a drawing pad**	eu **droo**inng pæd
bloc-notes	**a memo pad**	eu **mè**môô pæd
boîte à peinture (à l'eau)	**a box of water colors**	eu bâks euv **ouoo**teur **keu**leurz
cahier	**a composition book**	eu kâmpeu**si**cheunn bouk
calculatrice de poche	**a pocket calculator**	eu **pâ**keut **kæl**kyeuléiteur
calendrier	**a calendar**	eu **kæ**leunndeur
calepin	**a notebook**	eu **nôôt**bouk
carnet d'adresses	**an address book**	eunn æ**drèss** bouk
cartes à jouer	**some playing cards**	seum **plé**iinng kâârdz
cartes postales	**some postcards**	seum **pôôst**kâârdz
colle	**some glue**	seum gloû
craie	**some chalk**	seum tchook
crayon	**a pencil**	eu **pèns**seul
crayons de couleur	**some crayons**	seum **kréi**eunnz
encre	**some ink**	seum inngk
enveloppes	**some envelopes**	seum **èn**veulôôps
étiquettes (auto-collants)	**some (self-adhesive) labels**	seum (sèlf æd**hiis**siv) **léi**beulz
ficelle	**some string**	seum strinng
gomme	**an eraser**	eunn **iréis**seur
papier buvard	**some blotting paper**	seum **blâ**tinng **péi**peur
papier carbone	**some carbon paper**	seum **kââr**beunn **péi**peur
papier à dessin	**some drawing paper**	seum **droo**inng **péi**peur
paper d'emballage (cadeau)	**some (gift) wrapping paper**	seum (guift) **ræ**pinng **péi**peur
papier à lettres	**some writing paper**	seum **raï**tinng **péi**peur
plume réservoir	**a fountain pen**	eu **faoun**teunn pèn
punaises	**some thumbtacks**	seum **θeum**tæks
recharge (stylo-bille)/ cartouche	**a ball-point refill/ a cartridge**	eu bool poïnt **rii**fil/ eu **kââr**tridj
règle	**a ruler**	eu **roû**leur
ruban adhésif	**some adhesive tape**	seum æd**hiis**siv téip
ruban de machine	**a typewriter ribbon**	eu **taï**praïteur **ri**beunn
stylo	**a pen**	eu pèn
à bille	**a ball-point pen**	eu bool poïnt pèn
feutre	**a felt pen**	eu fèlt pèn
-mine	**an automatic pencil**	eunn ooteu**mæ**tik **pèns**seul
taille-crayons	**a pencil sharpener**	eu **pèns**seul **chââr**peu-neur
trombones	**some paper clips**	seum **péi**peur klips

Magasin d'alimentation *Grocery store/Delicatessen*

Puis-je me servir?	**Can I help myself?**	kæn aï hélp maï**sèlf**
Quelle sorte de fromage avez-vous?	**What sort of cheese do you have?**	ouât soort euv tchiiz dou yoû hæv
Un morceau de ...	**A piece of ...**	eu piiss euv
celui-là	**that one**	ðæt oueunn
celui sur l'étagère	**the one on the shelf**	ðeu oueunn ân ðeu chèlf
Avez-vous du pain?	**Do you have any bread?**	dou yoû hæv **è**ni brèd
Je prendrai un de ceux-là.	**I'll have one of those.**	aïl hæv oueunn euv ðôôz
Je voudrais ...	**I'd like ...**	aïd laïk
une livre de pommes	**a pound of apples**	eu paound euv **æ**peulz
une demi-livre de café	**half a pound of coffee**	hæf eu paound euv **ko**fi
une boîte de pêches	**a can of peaches**	eu kæn euv **pii**tcheuz
un cornet de bonbons	**a bag of candies**	eu bæg euv **kæn**diz
un emballage de six bières	**a six-pack of beer**	eu siks pæk euv biir
une paquet de thé/ thé en sachets	**a package of tea/ tea bags**	eu **pæ**kidj euv tii/tii bægz
une plaque de chocolat	**a bar of chocolate**	eu bâår euv **tchâk**leut
un pot de confiture	**a jar of jelly**	eu djâår euv **djè**li
un rouleau de papier-ménage	**a roll of paper towels**	eu rôôl euv **péi**peur taoulz
une tranche de jambon	**a slice of ham**	eu slaïss euv hæm

N.B. Les Etats-Unis sont un des derniers pays à n'avoir pas officiellement adopté le système décimal. Le lait et les jus de fruits, par exemple, sont vendus en quart (0,9 l.) et en demi-gallon (arrondi = 1,9 l.). Par contre, le vin, le whisky et d'autres spiritueux sont présentés dans des bouteilles de 0,75, 1, 1,5 et 4 litres. Sur les paquets de denrées alimentaires le poids est indiqué en onces (*1 ounce*, abrégé en *oz.* = 28,4g.) et en livre américaine (*1 pound*, abrégé en *lb.* = 453,6g.) et en grammes. Mais officiellement, aucun passage au système décimal n'est prévu. (Voir aussi les tables de conversion, pages 157 et 158.)

PROVISIONS, voir également page 64

Opticien *Optician*

Je voudrais ...	**I'd like ...**	aïd laïk
essuie-lunettes	**some lens cloths**	seum lènz kloθs
étui à lunettes	**an eye-glass case**	eunn aï glæss kéiz
jumelles	**a pair of binoculars**	eu pèr euv beu**nâ**kyeu-leurz
loupe	**a magnifying glass**	eu **mæg**neufaïinng glæss
lunettes	**some glasses**	seum **glæs**seuz
lunettes d'alpiniste	**a pair of snow goggles**	eu pèr euv snôô **gâ**gueulz
lunettes de soleil	**a pair of sunglasses**	eu pèr euv **seunn**glæs-seuz
verres de contact	**some contact lenses**	seum **kân**tækt **lèn**zeuz
J'ai cassé mes lunettes.	**I've broken my glasses.**	aïv **brôô**keunn maï **glæs**seuz
Pouvez-vous les réparer?	**Can you repair them?**	kæn yoû ri**pèr** ðèm
Quand seront-elles prêtes?	**When will they be ready?**	ouèn ouil ðéi bi **rè**di
Pouvez-vous changez les verres?	**Can you change the lenses?**	kæn yoû tchéinndj ðeu **lèn**zeuz
Je voudrais des verres teintés	**I want tinted lenses.**	aï ouoont **tinn**teud **lèn**-zeuz
La monture est cassée.	**The frame is broken.**	ðeu fréim iz **brôô**keunn
Je voudrais faire contrôler ma vue.	**I'd like an eye exam.**	aïd laïk eunn aï ig**zæm**
Je suis myope/presbyte.	**I'm nearsighted/ longsighted.**	aïm **niir**saïteud/**lonng**-saïteud
J'ai perdu un verre de contact.	**I've lost one of my contact lenses.**	aïv lost oueunn euv maï **kân**tækt **lèn**zeuz
Pouvez-vous m'en donner un autre?	**Could you give me another one?**	koud yoû guiv mi eu**neu**ðeur oueunn
J'ai des verres durs/souples.	**I have hard/soft lenses.**	aï hæv hâârd/soft **lèn**zeuz
Avez-vous un liquide pour verres de contact?	**Do you have any contact-lens solution?**	dou yoû hæv **è**ni **kân**tækt lènz seu**loû**cheunn
Avez-vous une glace?	**Do you have a mirror?**	dou yoû hæv eu **mi**reur

Pharmacie – Droguerie *Drugstore/Pharmacy*

Dans un *drugstore* ou *pharmacy* vous trouverez tous les articles vendus chez nous en pharmacie et droguerie, mais en plus un choix étonnant d'articles divers tels que: films, cartes de vœux, livres de poche, jouets, sucreries, etc. Les supermarchés offrent aussi un grand choix de médicaments, d'articles de toilette et de cosmétiques à des prix généralement plus avantageux. Dans certains très grands supermarchés, vous trouverez même un secteur distribuant des médicaments sur ordonnance, le *pharmacy department*. Par contre, les remèdes homéopathiques (*homeopathic remedies* – hôômèeu**pæ**θik **rè**meudiz), dans la mesure où ils existent s'achètent dans les magasins diététiques.

Pour vous permettre une lecture plus aisée, nous avons divisé ce chapitre en deux parties:

1. Pharmacie – Médicaments
2. Hygiène – Cosmétiques – Articles de toilette, etc.

Où est la pharmacie (de nuit) la plus proche?	**Where's the nearest (all-night) drugstore/ pharmacy?**	ouèrz ðeu **nii**reust (ool naït) **dreug**stoor/**fââr**meussi

1. Pharmacie – Médicaments *Pharmaceuticals*

Je voudrais quelque chose contre ...	**I'd like something for ...**	aïd laïk **seum**θinng foor
coup de soleil	**sunburn**	**seunn**beûrn
fièvre	**a fever**	eu **fii**veur
«gueule de bois»	**a hangover**	eu **hæng**ôôveur
indigestion	**indigestion**	inndaï**djess**tcheunn
mal de tête	**a headache**	eu **hèd**éik
mal du voyage	**travel sickness**	**træ**veul **sik**neuss
nausée	**nausea**	**noo**zyeu
piqûres d'insectes	**insect bites**	**inn**sèkt baïts
rhume	**a cold**	eu kôôld
rhume des foins	**hay fever**	héi **fii**veur
toux	**a cough**	eu kof
trouble gastrique	**an upset stomach**	eunn **eup**sèt **steu**meuk
Puis-je l'obtenir sans ordonnance?	**Can I get it without a prescription?**	kæn aï guèt it ouiðaout eu pris**krip**cheunn

MÉDECIN, voir page 137

Je voudrais ...	**I'd like ...**	aïd laïk
analgésique	**a pain reliever**	eu péinn ri**lii**veur
antipyrétique	**an antipyretic**	eunn æntipaï**rè**tik
aspirine	**some aspirin**	seum **æ**speureunn
bandage	**a bandage**	eu **bæn**didj
bandage élastique	**a flexible bandage**	eu **flèk**seubeul **bæn**didj
contraceptifs	**some contraceptives**	seum kântreu**sèp**tivz
coton hydrophile	**some absorbent cotton**	seum eub**soor**beunnt **kâ**teunn
désinfectant	**a disinfectant**	eu disseunn**fèk**teunnt
emplâtres pour cors	**some corn plasters**	seum koorn **plæ**steurz
gargarisme	**some gargle**	seum **gââr**gueul
gaze	**some gauze**	seum gooz
gouttes	**some drops**	seum drâps
pour le nez	**nose drops**	nôôz drâps
pour les oreilles	**ear drops**	iir drâps
pour les yeux	**eye drops**	aï drâps
laxatif	**a laxative**	eu **læk**seutiv
pansement	**a bandage**	eu **bæn**didj
pastilles pour la gorge	**some throat lozenges**	seum θrôôt **lâ**zeunndjeuz
pommade ...	**some ... ointment**	seum ... **oïnt**meunnt
pommade antiseptique	**an antiseptic cream**	eunn ænteu**sèp**tik kriim
préservatifs	**some condoms**	seum **keunn**deumz
protection contre les insectes	**an insect repellent**	eunn **inn**sèkt ri**pè**leunnt
serviettes hygiéniques	**some sanitary napkins**	seum **sæ**neutèri **næp**keunnz
sirop contre la toux	**a cough syrup**	eu kof **seu**reup
somnifère	**some sleep aid**	seum sliip éid
sparadrap	**some Band-Aids®**	seum bænd éidz
spray nasal	**a nasal spray**	eu **néi**zeul spréi
suppositoires	**some suppositories**	seum seu**pâ**zeutoriz
tampons hygiéniques	**some tampons**	seum **tæm**pânz
teinture d'iode	**some iodine**	seum **aïeu**daïn
thermomètre	**a thermometer**	eu θeur**mâ**meuteur
tranquillisant	**a sedative**	eu **sè**deutiv
vitamines	**some vitamins**	seum **vaï**teumeunnz

POISON	POISON
KEEP OUT OF CHILDREN'S REACH	TENIR HORS DE PORTÉE DES ENFANTS

PARTIES DU CORPS, voir page 138

2. Cosmétiques – Articles de toilette *Cosmetics and toiletry*

Je voudrais ...	**I'd like ...**	aïd laïk
bain de mousse	**some foam bath**	seum fôôm bæθ
blaireau	**a shaving brush**	eu **chéi**vinng breuch
brosse à dents	**a toothbrush**	eu **toûθ**breuch
brosse à ongles	**a nailbrush**	eu **néil**breuch
ciseaux à ongles	**a pair of nail scissors**	eu pèr euv néil **si**zeurz
coton/serviettes à démaquiller	**some cosmetic pads/ cloths**	seum kâz**mè**tik pædz/ kloθs
coupe-ongles	**a nail clipper**	eu néil **kli**peur
crayon à sourcils	**an eyebrow pencil**	eunn **aï**braou **pènn**seul
crayon pour les yeux	**an eyeliner**	eunn **aï**laïneur
crème	**some cream**	seum kriim
pour peau sèche/ normale/grasse	**for dry/normal/oily skin**	foor draï/**noor**meul/**oï**li skinn
démaquillante	**cleansing cream**	**klèn**zinng kriim
hydratante	**moisturizing cream**	**moïs**tcheuraïzinng kriim
jour/nuit	**day/night cream**	déi/naït kriim
pour les mains	**hand cream**	hænd kriim
pour les pieds	**foot cream**	fout kriim
à raser	**shaving cream**	**chéi**vinng kriim
solaire	**suntan cream**	**seunn**tæn kriim
dentifrice	**some toothpaste**	seum **toûθ**péist
déodorant	**a deodorant**	eu di**ôô**deureunnt
dépilatoire	**some hair remover**	seum hèr ri**moû**veur
lotion/cire	**lotion/wax**	**lôô**cheunn/ouæks
dissolvant	**some nail polish remover**	seum néil **pâ**lich ri**moû**veur
eau dentifrice	**some mouthwash**	seum **maouθ**ouoch
éponge	**a sponge**	eu speunndj
fard à joue	**some blusher**	seum **bleu**cheur
fard à paupières	**some eye shadow**	seum aï **chæ**dôô
fil dentaire	**some dental floss**	seum **dèn**teul flâss
fond de teint	**some foundation cream**	seum faoun**déi**cheunn kriim
huile solaire	**some suntan oil**	seum **seunn**tæn oïl
lames de rasoir	**some razor blades**	seum **réi**zeur bléidz
lime à ongles	**a nail file**	eu néil faïl
lotion avant/après rasage	**some pre-/aftershave lotion**	seum pri/**æf**teur chéiv **lôô**cheunn
lotion pour le corps	**some body lotion**	seum **bâ**di **lôô**cheunn
mascara	**some mascara**	seum mæs**kæ**rue
masque (visage)	**a face pack**	eu féiss pæk
mouchoirs en papier	**some facial tissues**	seum **féi**cheul **ti**choûz

papier hygiénique	**some bathroom tissue**	seum **bæθ**roûm **ti**choû
parfum	**some perfume**	seum **peûr**fyoûm
pince à épiler	**a pair of tweezers**	eu pèr euv **touii**zeurz
pommade pour les lèvres	**some lip balm**	seum lip bæm
poudre	**some powder**	seum **paou**deur
pour le corps	**body powder**	**bâ**di **paou**deur
pour le visage	**face powder**	féiss **paou**deur
rasoir	**a razor**	eu **réi**zeur
rouge à lèvres	**a lipstick**	eu **lip**stik
savon	**some soap**	seum sôôp
sels de bain	**some bath salts**	seum bæθ soolts
trousse à cosmétiques	**a cosmetics bag**	eu kâz**mè**tiks bæg
trousse de toilette	**a toiletries bag**	eu **toï**leutriz bæg
vernis à ongles	**some nail polish**	seum néil **pâ**lich

Pour vos cheveux *For your hair*

barrette	**a barrette**	eu bââ**rèt**
bigoudis	**some rollers**	seum **rôô**leurz
brosse à cheveux	**a hairbrush**	eu **hèr**breuch
épingles à cheveux	**some hairpins**	seum **hèr**pinnz
fixatif	**some styling lotion**	seum **staï**linng **lôô**cheunn
gel	**some styling gel**	seum **staï**linng djèl
laque	**some hair spray**	seum hèr spréi
lotion capillaire	**some hair lotion**	seum hèr **lôô**cheunn
peigne	**a comb**	eu kôôm
pinces à cheveux	**some bobby pins**	seum **bâ**bi pinnz
shampooing	**some shampoo**	seum chæm**poû**
pour cheveux gras/normaux/secs	**for oily/normal/dry hair**	foor **oï**li/**noor**meul/draï hèr
antipelliculaire	**drandruff shampoo**	**dæn**dreuf chæm**poû**
colorant	**a color shampoo**	eu **keu**leur chæm**poû**
sec	**dry shampoo**	draï chæm**poû**
teinture	**some hair dye**	seum hèr daï

Pour le bébé *For the baby*

aliment pour bébé	**some baby food**	seum **béi**bi foûd
biberon	**a nursing bottle**	eu **neûr**sinng **bâ**teul
couches-culotte	**some disposable diapers**	seum dis**pôô**zeubeul **daï**peurz
sucette/tétine	**a pacifier**	eu **pæ**sseufaïr

Photos (magasin de) *Camera store*

Je voudrais un appareil photo ...	**I'd like ... camera.**	aïd laïk ... **kæ**meureu
automatique	**an automatic**	eunn oooteu**mæ**tik
bon marché	**an inexpensive**	eunn inniks**pèn**siv
simple	**a simple**	eu **simm**peul
Montrez-moi des vidéocaméras, s.v.p.	**Show me some camcorders, please.**	chôô mi seum **kæm**koordeurz pliiz
Avez-vous un prospectus?	**Do you have a catalog?**	dou yoû hæv eu **kæ**tælog
Je voudrais faire des photos d'identité	**I'd like to have some passport photos taken.**	aïd laïk tou hæv seum **pæss**poort **fôô**tôôz **téi**keunn

Films *Films*

Je voudrais une pellicule pour cet appareil.	**I'd like some film for this camera.**	aïd laïk seum film foor ðiss **kæ**meureu
noir et blanc	**black and white film**	blæk ænd ouaït film
en couleurs	**color film**	**keu**leur film
pour diapositives	**slide film**	slaïd film
cassette	**a cartridge**	eu **kââr**tridj
film-disque	**some disc film**	seum disk film
rouleau de pellicule	**some roll film**	seum rôôl film
film pour une vidéo-caméra	**a tape for a(n 8-mm.) camcorder**	eu téip foor eu(nn éit **mi**leumiiteur) **kæm**koordeur
24/36 vues	**24/36 exposures**	touènti**foor**/θeûrti**siks** iks**pôô**ʒeurz
ce format	**this size**	ðiss saïz
ce chiffre ISO	**this ISO number**	ðiss aï-èss-**ôô** **neum**beur
à grain fin	**fine grain**	faïn gréinn
pour lumière artificielle/de jour	**artificial light type/ daylight type**	âârteu**fi**cheul laït taïp/ **déi**laït taïp
ultra sensible	**fast**	fæst

Développement *Processing*

Combien coûte le développement?	**How much do you charge for developing?**	haou meutch dou yoû tchâârdj foor di**vè**leupinng

Je voudrais ... copies de ces négatifs.	**I'd like ... reprints of these negatives.**	aïd laïk ... **rii**prinnts euv ðiiz **nè**gueutivz
sur papier glacé	**with a glossy finish**	ouið eu **glâs**si **fi**nich
sur papier mat	**with a mat finish**	ouið eu mæt **fi**nich
Pouvez-vous agrandir ceci, s.v.p.?	**Will you enlarge this, please?**	ouil yoû inn**lâârdj** ðiss pliiz
Quand les photos seront-elles prêtes?	**When will the photos be ready?**	ouèn ouil ðeu **fôô**tôôz bi **rè**di

Accessoires *Accessories*

Je voudrais ...	**I'd like ...**	aïd laïk
capuchon d'objectif	**a lens cap**	eu lènz kæp
déclencheur	**a cable release**	eu **kéi**beul ri**liiss**
étui (pour appareil)	**a camera case**	eu **kâ**meureu kéiss
filtre	**a filter**	eu **fil**teur
couleur	**for color**	foor **keu**leur
noir/blanc	**for black and white**	foor blæk ænd ouaït
UV	**UV filter**	yoû-**vi fil**teur
flash	**a flash**	eu flæch
électronique	**an electronic flash**	eunn ilèk**trâ**nik flæch
objectif	**a lens**	eu lènz
grand angle	**a wide-angle lens**	eu ouaïd **æng**gueul lènz
téléobjectif	**a telephoto lens**	eu **tè**leufôôtôô lènz
pare-soleil	**a lens shade**	eu lènz chéid
pile	**a battery**	eu **bæ**teuri
projecteur pour dias	**a slide projector**	eu slaïd preu**djèk**teur
trépied	**a tripod**	eu **traï**pâd

Réparations *Repairs*

Pouvez-vous réparer cet appareil?	**Can you repair this camera?**	kæn yoû ri**pèr** ðiss **kæ**meureu
Le film est bloqué.	**The film is jammed.**	ðeu film iz djæmd
Quelque chose ne va pas avec le/la ...	**There's something wrong with the ...**	ðèrz **seum**θinng ronng ouið ðeu
compte-poses	**exposure counter**	iks**pôô**jeur **kaoun**teur
levier d'avancement	**film winder**	film **ouaïn**deur
obturateur	**shutter**	**cheu**teur
pose-mètre	**light meter**	laït **mii**teur
télémètre	**rangefinder**	**réinndj**faïndeur

CHIFFRES, voir page 147

Divers *Miscellaneous*

Souvenirs *Souvenirs*

Les Etats-Unis sont un véritable paradis de la consommation. Pratiquement chaque article est disponible dans toutes les formes et toute la gamme des prix. Une mention spéciale va aux bijoux fantaisies, aux gadgets électroniques et aux cosmétiques. Attention par contre aux «objets artisanaux» vendus dans les grandes surfaces et les magasins de souvenirs. Ils proviennent pour la plupart en droite ligne de l'Asie du Sud-Est. Les véritables objets d'artisanat et de bonnes copies s'achètent dans les boutiques des grands musées. Vous y trouverez aussi des pierres semi-précieuses serties d'or ou d'argent, ainsi que des tapis tissés à la main et des habits.

Les amateurs de musique trouveront dans les grandes villes un choix très riche de disques, disques compact (CD) et de cassettes. Les appareils électroniques tels que lecteurs de CD portables, appareils de photo, caméras et ordinateurs sans être à proprement parler des «souvenirs», sont très avantageux à l'achat dans certaines «solderies».

Pensez aussi à acheter au supermarché une spécialité typiquement américaine, comme le sirop d'érable (*maple syrup*), un vin de Californie, des pralines de la Nouvelle-Orléans, et pourquoi pas, à la dernière minute à l'aéroport, un homard tout frais pêché?

Disques – Cassettes *Records – Cassettes*

Avez-vous un disque de ... ?	**Do you have any records by ... ?**	dou yoû hæv **è**ni **rè**keurdz baï
Je voudrais ...	**I'd like ...**	aïd laïk
disque	**a record**	eu **rè**keurd
disque compact	**a CD (compact disc)**	eu si-**di** (**kâm**pækt disk)
cassette	**a cassette/a tape**	eu keu**sèt**/eu téip
cassette vierge	**a blank tape**	eu blængk téip
vidéocassette	**a video tape**	eu **vi**dyôô téip
Avez-vous des chansons de ... ?	**Do you have any songs by ... ?**	dou yoû hæv **è**ni sonngz baï

33 tours	**LP/album**	èl-**pi**/**æl**beum
Super 45 tours	**12″ (12 inches)**	touèlv-inntch
45 tours simple	**45 (single)**	foorti**faïv** (**sinng**gueul)

Puis-je écouter ce disque/CD/cette cassette?	**Can I listen to this record/CD/cassette?**	kæn aï **lis**seunn tou ðiss **rè**keurd/si-**di**/keu**sèt**
musique ...	**... music**	... **myoûzik**
chorale	**vocal music**	**vôô**keul **myoûzik**
classique	**classical music**	**klæs**sikeul **myoûzik**
de chambre	**chamber music**	**tchéim**beur **myoûzik**
folklorique	**folk/country music**	fôôk/**keunn**tri **myoûzik**
instrumentale	**instrumental music**	innstreu**mèn**teul **myoûzik**
jazz	**jazz**	djæz
légère	**light music**	laït **myoûzik**
pop	**pop music**	pâp **myoŭzik**
symphonique	**orchestral music**	oor**kèss**treul **myoûzik**

Jouets et jeux *Toys and games*

Je voudrais un jeu/jouet ...	**I'd like a game/a toy ...**	aïd laïk eu guéim/eu toï
pour un garçon	**for a boy**	foor eu boï
pour une fillette de 5 ans	**for a 5-year-old girl**	foor eu 5 yiir ôôld gueûrl
animal en peluche	**a stuffed animal**	eu steuft **æ**neumeul
auto miniature	**a toy car**	eu toï kâar
ballon (de plage)	**a (beach) ball**	eu (biitch) bool
jeu de cartes	**a card game**	eu kâârd guéim
jeu de construction	**a building set**	eu **bil**dinng sèt
jeu électronique	**an electronic game**	eunn ilèk**trâ**nik guéim
jeu vidéo	**a video game**	eu **vi**dyôô guéim
livre à colorier	**a coloring book**	eu **keu**leurinng bouk
palmes	**a pair of flippers**	eu pèr euv **fli**peurz
patins à roulettes	**a pair of roller skates**	eu pèr euv **rôô**leur skéits
planche à roulettes	**a skateboard**	eu **skéit**boord
poupée	**a doll**	eu dâl
vêtements de poupée	**some dolls clothes**	seum dâlz klôôðz
puzzle	**a jigsaw puzzle**	eu **djig**soo **peu**zeul
train électrique	**an electrical train**	eunn i**lèk**trikeul tréinn

Votre argent: Banque – Change

Notez que très rares sont les banques qui changent de l'argent étranger et que les eurochèques ne sont pratiquement acceptés nulle part. Vous aurez moins de problèmes en voyageant avec des chèques de voyage libellés en dollars ou une carte internationale de crédit et des dollars en liquide (si possible petites coupures).

Les heures d'ouverture (*business hours*) des banques sont en général les suivantes: du lundi au vendredi de 9 ou 10 h. jusqu'à 15 h. Certaines succursales sont aussi ouvertes le samedi de 9 à 12 ou 13 h.

Unité monétaire *Currency*

Le dollar (**dâ**leur – $) familièrement appelé *buck* (beuk) est divisé en 100 cents (sènts – ¢).

Billets: $1, $2 (rare), $5, $10, $20, $50 et $100. Tous les billets ont la même forme et la même couleur, il vaut donc mieux les classer et les ranger séparément selon leur valeur.

Pièces: 1¢ (*penny* – **pè**ni), 5¢ (*nickel* – **ni**keul), 10¢ (*dime* – daïm), 25¢ (*quarter* – **kouoor**teur), 50¢ (*half dollar* – hæf **dâ**leur) et $1.

FOREIGN CURRENCY CHANGE

N.B. Lors de vos achats, réservations de billets ou paiement de votre note d'hôtel on vous demandera si vous voulez régler *cash or charge*, c'est-à-dire en liquide ou avec une carte de crédit. Les cartes internationales de crédit les plus courantes sont acceptées presque partout.

Où est la banque/le bureau de change la/le plus proche?	**Where's the nearest bank/currency exchange?**	ouèrz ðeu **nii**reust bæengk/**keu**reunnsi iks-**tchéinndj**

A la banque *At the bank*

Est-ce que vous changez de l'argent étranger?	**Do you change foreign currencies?**	dou yoû tchéinndj **fo**reunn **keu**reunnsiz
Je voudrais changer des ...	**I'd like to change some ...**	aïd laïk tou tchéinndj seum
francs belges/français/suisses	**Belgian/French/ Swiss francs**	**bèl**djeunn/frèntch/souiss fræng(k)s
dollars canadiens	**Canadian dollars**	keu**néi**dyeunn **dâ**leurs
Quel est le cours du change?	**What's the exchange rate?**	ouâts ðì iks**tchéinndj** réit
Donnez moi ... billets de 20 dollars, s.v.p.	**Give me ... 20-dollar bills, please.**	guiv mi ... 20 **dâ**leu bilz pliiz
J'ai besoin de petite monnaie.	**I need some small change.**	aï niid seum smool tchéinndj
Je voudrais encaisser un chèque de voyage.	**I'd like to cash a traveler's check.**	aïd laïk tou kæch eu **træv**leurz tchèk
Quelle commission prélevez-vous?	**What commission do you charge?**	ouât keu**mi**cheunn dou yoû tchâârdj
Puis-je toucher un chèque à ordre?	**Can you cash a personal check?**	kæn yoû kæch eu **peûr**seuneul tchèk
J'ai une ...	**I have ...**	aï hæv
carte bancaire	**a bank card**	eu bængk kâârd
carte de crédit	**a credit card**	eu **krè**deut kâârd
lettre de crédit	**a letter of credit**	eu **lè**teur euv **krè**deut
lettre de recommandation de ...	**an introduction from ...**	eunn inntreu**deuk**cheun freum
J'attends de l'argent de ... Est-il déjà arrivé?	**I'm expecting some money from ... Has it arrived?**	aïm iks**pèk**tinng seum **meu**ni freum ... hæz it eu**raïvd**

Dépôts – Retraits *Deposits – Withdrawals*

Je voudrais ...	**I'd like to ...**	aïd laïk tou
ouvrir un compte	**open an account**	**ôô**peunn eunn eu**kaount**
retirer ... dollars	**withdraw ... dollars**	ouið**droo** ... **dâ**leurz
verser ceci sur mon compte	**deposit this in my account**	di**pâ**zeut ðiss inn maï eu**kaount**

CHIFFRES, voir page 147

Termes d'affaires *Business terms*

Je m'appelle ...	**My name is ...**	maï néim iz
Voici ma carte.	**Here's my business card.**	hiirz maï **biz**neuss kâârd
J'ai rendez-vous avec ...	**I have an appointment with ...**	aï hæv eunn eu**poïnt**meunnt ouið
Pouvez-vous me donner un devis (approximatif)?	**Can you give me an estimate of the cost?**	kæn yoû guiv mi eunn èsteumeut euv ðeu kost
Quel est le taux d'inflation?	**What's the rate of inflation?**	ouâts ðeu réit euv inn**fléi**cheunn
Pouvez-vous me procurer un(e) ... ?	**Can you provide me with ... ?**	kæn yoû preu**vaïd** mi ouið
interprète secrétaire traducteur/-trice	**an interpreter** **a secretary** **a translator**	eunn inn**teûr**preuteur eu **sèk**reutèri eu trænz**léi**teur
Où puis-je faire des photocopies?	**Where can I make photocopies?**	ouèr kæn aï méik **fôô**teukâpiz

achat	**purchase**	**peûr**tcheuss
action	**share**	chèr
balance/bilan	**balance**	**bæ**leunnss
bénéfice	**profit**	**prâ**feut
capital	**capital**	**kæ**peuteul
contrat	**contract**	**kân**trækt
crédit	**credit**	**krè**deut
escompte	**discount**	**dis**kaount
facture	**invoice**	**inn**voïss
frais	**expenses**	ik**spèn**sseuz
hypothèque	**mortgage**	**moor**guidj
intérêt	**interest**	**inn**treust
paiement	**payment**	**péi**meunnt
perte	**loss**	loss
placement	**investment**	inn**vèst**meunnt
pourcentage	**percentage**	peur**sèn**tidj
rabais	**rebate**	**ri**béit
somme	**amount**	eu**maount**
transfert	**transfer**	**trænss**feur
valeur	**value**	**væ**lyoû
vente	**sale**	séil

TÉLÉGRAMME – TÉLEX – TÉLÉFAX, voir page 133

Poste – Téléphone

A la poste *At the post office*

Le *United States Postal Service (USPS)* ne s'occupe que du trafic postal. Téléphones et télégraphes sont assurés par des entreprises privées indépendantes. Les bureaux de poste sont généralement ouverts de 8h.30 à 17 h. du lundi au vendredi et le samedi jusqu'à midi. Les timbres distribués par des automates sont un peu plus chers. Les boîtes aux lettres sont bleues.

Où est le bureau de poste?	**Where's the post office?**	ouèrz ðeu pôôst âfeuss
A quelle heure ouvre/ferme-t-il?	**What time does it open/close?**	ouât taïm deuz it ôôpeunn/klôôz
A quel guichet puis-je obtenir des timbres?	**At which counter can I get stamps?**	æt ouitch **kaoun**teur kæn aï guèt stæmps
Un timbre pour cette carte/lettre, s.v.p.	**A stamp for this post-card/letter, please.**	eu stæmp foor ðiss **pôôst**kâârd/**lè**teur pliiz
Je voudrais un timbre de ... cents.	**A ...-cent stamp, please.**	eu ... sènt stæmp pliiz
Combien coûte le port d'une lettre pour l'Europe?	**What's the postage for a letter to Europe?**	ouâts ðeu **pôô**stidj foor eu **lè**teur tou **yoû**reup
Où est la boîte aux lettres?	**Where's the mailbox?**	ouèrz ðeu **méil**bâks
Je voudrais envoyer ceci ...	**I'd like to send this ...**	aïd laïk tou sènd ðiss
par avion/exprès recommandé	**airmail/express by registered mail**	**èr**méil/ik**spress** baï **rè**djeusteurd méil
Je voudrais assurer ce paquet.	**I'd like to insure this parcel.**	aïd laïk tou inn**choûr** ðiss **pââr**seul
Je voudrais envoyer un paquet à l'étranger.	**I'd like to send a parcel abroad.**	aïd laïk tou sènd eu **pââr**seul eu**brood**
Puis-je avoir un formulaire de déclaration pour la douane?	**Could I have a customs declaration form?**	koud aï hæv eu **keus**teumz dèkleu**réi**cheunn foorm

PAYS, voir page 146

Où puis-je encaisser un mandat international?	**Where can I cash an international money order?**	ouèr kæn aï kæch eunn innteur**næ**cheuneul **meu**ni **oor**deur
Où est le guichet de la poste restante?	**Where's the general delivery counter?**	ouèrz ðeu **djè**neureul diliveuri **kaoun**teur
Y a-t-il du courrier pour moi? Je m'appelle …	**Is there any mail for me? My name is …**	iz ðèr **è**ni méil foor mi. maï néim iz

STAMPS/PARCELS	TIMBRES/PAQUETS
MONEY ORDERS	MANDATS

Télégrammes – Télex – Téléfax *Telegrams – Telex – Fax*

L'acheminement de tous les télégrammes, télex et fax est assuré par des compagnies privées. Vous trouverez les plus importantes dans l'annuaire par professions (*Yellow Pages*) sous *Telegraph Companies*. Les télégrammes pour l'étranger et les télex peuvent être transmis par téléphone depuis votre chambre d'hôtel, mais c'est assez coûteux. Il est bien sûr toujours possible de passer directement au guichet et de payer comptant ou avec votre carte de crédit. Si vous voulez envoyer un fax, cherchez dans les pages jaunes de l'annuaire sous *Facsimile Transmission Service* ou essayez de trouver une papeterie avec une enseigne portant l'indication *Fax Service*.

Je voudrais envoyer un télégramme.	**I'd like to send a telegram/cablegram.***	aïd laïk tou sènd eu **tè**leugræm/**kéi**beulgræm
Combien coûte le mot?	**How much is it per word?**	haou meutch iz it peûr oueûrd
Combien de temps faut-il pour qu'un télégramme arrive à …	**How long will a cablegram to … take?**	haou lonng ouil eu **kéi**beulgræm tou … téik
Je voudrais envoyer un télex/téléfax à …	**I'd like to send a telex/a fax to …**	aïd laïk tou sènd eu **tè**lèks/eu fæks tou

* *Cablegram* est le nom donné aux télégrammes pour l'étranger

PAPETERIE, voir page 117

Téléphone *Telephone*

Les cabines téléphoniques sont nombreuses. Le mode d'emploi est écrit – en anglais – sur l'appareil. Pour un appel local, il suffit de décrocher, de glisser dans la fente la pièce nécessaire (10 ou 25 ¢) avant de faire le numéro. Si vous avez assez de monnaie sur vous, vous pouvez aussi faire des communications à longue distance. Les «pages blanches» des annuaires donnent tous les renseignements utiles et les détails sur les taxations. En cas de problème, faites le «0» qui vous renseignera. Enfin les numéros dont l'indicatif est 800 peuvent être composés gratuitement.

Où est la cabine téléphonique la plus proche?	**Where's the nearest telephone booth?**	ouèrz ðeu **nii**reust **tè**leufôôn boûθ
Puis-je utiliser votre téléphone?	**May I use your phone?**	méi aï yoûz yoor fôôn
Où est votre téléphone?	**Where's your telephone?**	ouèrz yoor **tè**leufôôn
Avez-vous l'annuaire téléphonique de ...?	**Do you have a telephone directory for ...?**	dou yoû hæv eu **tè**leufôôn deu**rèk**teuri foor

Renseignements – Central *Operator*

Pouvez-vous me donner le numéro de ...?	**Could you give me the number of ...?**	koud yoû guiv me ðeu **neum**beur euv
Quel est l'indicatif de la région/du pays de ...?	**What's the area code/country code for ...?**	ouâts ðeu **è**ryeu kôôd/ **keunn**tri kôôd foor
Je voudrais téléphoner à/en ...	**I'd like to make a call to ...**	aïd laïk tou méik eu kool tou
Je voudrais une communication en P.C.V. pour le/la ...	**I'd like to place a collect call to ...**	aïd laïk tou pléiss eu keu**lèkt** kool tou
Belgique/Canada France/Suisse	**Belgium/Canada France/Switzerland**	**bèl**djeum/**kæ**neudeu frænss/**souit**seurleunnd
Le numéro de l'abonné est le ...	**The subscriber's number is ...**	ðeu seub**skraï**beurz **neum**beur iz

CHIFFRES, voir page 147/PAYS, voir page 146

Je voudrais une communication avec préavis.	**I'd like to place a person-to-person call.**	aïd laïk tou pléiss eu **peûr**seunn tou **peûr**-seunn kool
Vous m'avez donné un faux numéro.	**You gave me the wrong number.**	yoû guéiv mi ðeu ronng **neum**beur
Nous avons été coupés.	**We were cut off.**	oui ouèr keut of
Je ne peux pas atteindre ce numéro.	**I can't get this number.**	aï kænt guèt ðiss **neum**-beur

Peut-être entendrez-vous l'un de ces messages enregistrés:

Your call cannot be completed at this time in the country you are calling. Please try your call later.	Votre appel ne peut aboutir en ce moment (la ligne est surchargée). Veuillez essayer de rappeler plus tard.
The number you have reached, ..., has been changed. The new number is ... Please make a note of it.	Le numéro ... que vous avez fait a changé. Le nouveau numéro est le ... Veuillez en prendre note, s.v.p.
We're sorry your call cannot be completed as dialed. Please check the number and dial again or call your local operator.	Désolés, votre appel ne peut aboutir. Veuillez vérifier votre numéro avant de le refaire ou appeler votre centrale.

Au téléphone *Speaking*

Allô, c'est ... qui vous appelle.	**Hello. This is ... speaking.**	heu**lôô**. ðiss iz ... **spii**-kinng
Je voudrais parler à ...	**I'd like to speak to ...**	aïd laïk tou spiik tou
Je voudrais l'interne ...	**I'd like extension ...**	aïd laïk iks**tèn**cheunn
Qui est à l'appareil?	**Who's speaking?**	hoûz **spii**kinng
Je ne comprends pas.	**I don't understand.**	aï dôônt eunndeur**stænd**
Pourriez-vous parler plus fort/lentement, s.v.p.?	**Could you speak louder/more slowly, please?**	koud yoû spiik **lau**deur/ moor **slôô**li pliiz

La personne n'est pas là *Not there*

Quand sera-t-il/elle de retour?	**When will he/she be back?**	ouèn ouil hi/chi bi bæk
Pourriez vous lui dire que j'ai appelé. Mon nom est . . .	**Will you tell him/her I called. My name is . . .**	ouil yoû tèl him/heûr aï koold. maï néim iz
Pourriez-vous lui demander de me rappeler?	**Could you ask him/ her to call me?**	koud yoû æsk him/heûr tou kool mi
Puis-je vous laisser un message, s.v.p.?	**Could you take a message, please?**	koud yoû téik eu **mè**ssidj pliiz
Je rappellerai plus tard.	**I'll call back later.**	aïl kool bæk **léi**teur

Taxes *Charges*

J'aimerais connaître le montant de la communication.	**Please let me know what the call comes to.**	pliiz lèt mi nôô ouât ðeu kool keumz tou
Je voudrais payer la communication.	**I'd like to pay for the call.**	aïd laïk tou péi foor ðeu kool

There's a call for you.	On vous demande au téléphone.
Hold on (for a moment), please.	Un instant, s.v.p., ne quittez pas.
What number are you calling?	Quel numéro demandez-vous?
I can't hear you.	Je vous entends à peine.
Could you spell the name, please?	Pourriez-vous épeler le nom, s.v.p.?
The line's busy.	La ligne est occupée.
There's no answer.	On ne répond pas.
He's/She's out at the moment.	Il/Elle est absent(e) pour le moment.
You've got the wrong number.	Vous avez fait un faux numéro.

ALPHABET, voir page 9

Médecin

Il est vivement recommandé de conclure une assurance maladie-accident pour la durée de votre séjour aux Etats-Unis. En cas d'urgence, appelez à l'aide en faisant le «0».

Généralités *General*

Pouvez-vous appeler un médecin?	**Can you get me a doctor?**	kæn yoû guèt mi eu **dâk**teur
Y a-t-il un médecin ici?	**Is there a doctor here?**	iz ðèr eu **dâk**teur hiir
J'ai besoin d'un médecin, vite.	**I need a doctor, quickly.**	aï niid eu **dâk**teur **kouik**li
Où puis-je trouver un médecin qui parle français?	**Where can I find a doctor who speaks French?**	ouèr kæn aï faïnd eu **dâk**teur hoû spiiks frèntch
Où est le cabinet médical?	**Where's the doctor's office?**	ouèrz ðeu **dâk**teurz **â**feuss
Quelles sont les heures de consultation?	**What are the office hours?**	ouât ââr ði **â**feuss aourz
Le médecin peut-il m'examiner ici?	**Can the doctor come to see me here?**	kæn ðeu **dâk**teur keum tou sii mi hiir
A quelle heure peut-il venir?	**What time can the doctor come?**	ouât taïm kæn ðeu **dâk**teur keum
Pouvez-vous me recommander ...?	**Can you recommend ...?**	kæn yoû rèkeu**mènd**
généraliste	**a general practitioner**	eu **djè**neureul præk**ti**cheuneur
gynécologue	**a gynecologist**	eu gaïneu**kâ**leudjeust
pédiatre	**a pediatrician**	eu pèdyeu**tri**cheunn
spécialiste ...	**a ... specialist**	eu ... **spè**cheuleust
Puis-je avoir un rendez-vous ...?	**Can I have an appointment ...?**	kæn aï hæv eunn eu**poïnt**meunnt
tout de suite	**now**	naou
demain	**tomorrow**	teu**mâ**rôô
dès que possible	**as soon as possible**	euz soûn euz **pâ**sseubeul

PHARMACIE, voir page 121/URGENCES, voir page 156

Parties du corps *Parts of the body*

amygdales	**tonsils**	tânseulz
artère	**artery**	âârteuri
articulation	**joint**	djoïnt
bouche	**mouth**	maouθ
bras	**arm**	âârm
cœur	**heart**	hâârt
colonne vertébrale	**spine**	spaïn
côte	**rib**	rib
cou	**neck**	nèk
cuisse	**thigh**	θaï
doigt	**finger**	**finng**gueur
dos	**back**	bæk
épaule	**shoulder**	**chôôl**deur
estomac	**stomach**	**steu**meuk
foie	**liver**	liveur
genou	**knee**	nii
glande	**gland**	glænd
gorge	**throat**	θrôôt
intestin	**bowel**	baoul
jambe	**leg**	lèg
langue	**tongue**	teunng
lèvre	**lip**	lip
mâchoire	**jaw**	djoo
main	**hand**	hænd
muscle	**muscle**	**meus**seul
nerf	**nerve**	neûrv
nez	**nose**	nôôz
œil	**eye**	aï
oreille	**ear**	iir
organes génitaux	**genitals**	**djè**neuteulz
orteil	**toe**	tôô
os	**bone**	bôôn
peau	**skin**	skinn
pied	**foot**	fout
poignet	**wrist**	rist
poitrine/sein	**chest/breast**	tchèst/brèst
poumon	**lung**	leunng
rein	**kidney**	**kid**ni
tendon	**tendon**	**tèn**deunn
tête	**head**	hèd
veine	**vein**	véinn
vésicule	**gallbladder**	**gool**blædeur
vessie	**bladder**	**blæ**deur
visage	**face**	féiss

Accident – Blessure *Accident – Injury*

Il est arrivé un accident.	**There's been an accident.**	ðèrz biin eunn **æk**seudeunnt
Mon enfant a fait une chute.	**My child has had a fall.**	maï tchaïld hæz hæd eu fool
Il/Elle s'est blessé(e) à la tête.	**He/She has hurt his/her head.**	hi/chi hæz heûrt hiz/heûr hèd
Il/Elle a perdu connaissance.	**He's/She's unconscious.**	hiiz/chiiz eunn**kân**cheuss
Il/Elle saigne (abondamment).	**He's/She's bleeding (heavily).**	hiiz/chiiz **blii**dinng (**hè**vili)
Il/Elle est (gravement) blessé(e).	**He's/She's (seriously) injured.**	hiiz/chiiz (**si**ryeusli) **inn**djeurd
Son bras est cassé.	**His/Her arm is broken.**	hiz/heûr âârm iz **brôô**keunn
Sa cheville est enflée.	**His/Her ankle is swollen.**	hiz/heûr **æng**keul iz **souôô**leunn
Je me suis coupé(e).	**I've cut myself.**	aïv keut maï**sèlf**
J'ai été piqué(e).	**I've been stung.**	aïv biin steunng
Un chien m'a mordu(e)/Un chat m'a griffé(e).	**I've been bitten by a dog/scratched by a cat.**	aïv biin **bi**teunn baï eu dog/skrætcht baï eu kæt
J'ai quelque chose dans l'œil.	**I've got something in my eye.**	aïv gât **seum**θinng inn maï aï
J'ai un/une …	**I've got a …**	aïv gât eu
ampoule	**blister**	**blis**teur
blessure	**wound**	woûnd
bosse	**lump**	leump
brûlure	**burn**	beûrn
contusion	**bruise**	broûz
coupure	**cut**	keut
écorchure	**graze**	gréiz
enflure	**swelling**	**souè**linng
éruption	**rash**	ræch
furoncle	**boil**	boïl
morsure	**bite**	baït
piqûre	**sting**	stiing
Je ne peux pas bouger … Cela fait mal.	**I can't move … It hurts.**	aï kænt moûv … it heûrts

Where does it hurt?	Où avez-vous mal?
What kind of pain is it?	Quel genre de douleur est-ce?
dull/sharp **throbbing/constant**	sourde/aïgue lancinante/persistante
I'd like you to have an X-ray.	Il faut vous faire une radio.
It's ...	C'est ...
broken/sprained **dislocated/torn**	cassé/foulé luxé/déchiré
You've pulled/bruised a muscle.	Vous avez un muscle froissé/une contusion.
You'll have to have a cast.	Il faudra vous plâtrer.
It's infected.	C'est infecté.
Have you been vaccinated against tetanus?	Etes-vous vacciné(e) contre le tétanos?
I'll give you an antiseptic/an analgesic.	Je vais vous donner un antiseptique/un analgésique.
Do you have any allergies?	Souffrez-vous d'allergies?

Maladie *Illness*

Je ne me sens pas bien.	**I'm not feeling well.**	aïm nât **fii**linng ouèl
Je suis malade.	**I'm sick/I'm ill.**	aïm sik/aïm il
J'ai des vertiges/des nausées.	**I feel dizzy/nauseous.**	aï fiil **di**zi/**noo**cheuss
J'ai des frissons.	**I have the shivers.**	aï hæv ðeu **chi**veurz
J'ai de la fièvre.	**I have a fever.**	aï hæv eu **fii**veur
J'ai 38 de fièvre.	**My temperature is 38 degrees Celsius.**	maï **tèm**peutchoûr iz 38 di**griiz sèl**syeuss
J'ai vomi.	**I've been vomiting.**	aïv biin **vâ**meutinng
Je suis constipé(e)/J'ai la diarrhée.	**I'm constipated/I've got diarrhea.**	aïm **kân**steupéiteud/aïv gât daïrieu
Je m'évanouis souvent.	**I faint frequently.**	aï féinnt **frii**koueunntli

CHIFFRES, voir page 147/TABLES DE CONVERSION, page 157

J'ai/Il/Elle a ...	**I've/He's/She's got ...**	aïv/hiiz/chiiz gât
asthme	**asthma**	æzmeu
crampes	**cramps**	kræmps
coup de soleil	**a sunburn**	eu **seunn**beûrn
indigestion	**indigestion**	inndaï**djèss**tcheunn
insolation	**a sunstroke**	eu **seunn**strôôk
mal à l'estomac	**a stomachache**	eu **steu**meukéik
mal à la gorge	**a sore throat**	eu soor θrôôt
mal à la tête	**a headache**	eu **hèd**éik
mal au dos	**backache**	**bæk**éik
mal aux oreilles	**earache**	**iir**éik
palpitations	**palpitations**	pælpeu**téi**cheunnz
rhumatismes	**rheumatism**	**roû**meutizeum
rhume	**a cold**	eu kôôld
saignement de nez	**a nosebleed**	eu **nôôz**bliid
torticolis	**a stiff neck**	eu stif nèk
toux	**a cough**	eu kof
J'ai de la peine à respirer.	**I have difficulties breathing.**	aï hæv **di**fikeultiz **brii**ðinng
J'ai une douleur dans la poitrine.	**I have a pain in my chest.**	aï hæv eu péinn inn maï tchèst
J'ai eu une crise cardiaque il y a ... ans.	**I had a heart attack ... years ago.**	aï hæd eu hâârt eu**tæk** ... yiirz eu**gôô**
Ma tension est trop élevée/trop basse.	**My blood pressure is too high/too low.**	maï bleud **prè**cheur iz toû haï/toû lôô
Je suis diabétique.	**I'm a diabetic.**	aïm eu daï**bè**tik
Je suis allergique à ...	**I'm allergic to ...**	aïm eu**leûr**djik tou

Chez le gynécologue *At the gynecologist*

J'ai des règles douloureuses.	**I have menstrual pains.**	aï hæv **mèn**streul péinnz
J'ai une infection vaginale.	**I have a vaginal infection.**	aï hæv eu **væ**djeuneul inn**fèk**cheunn
Je prends la pilule.	**I'm on the pill.**	aïm ân ðeu pil
Je n'ai plus eu mes règles depuis ... mois.	**I haven't had my period for ... months.**	aï **hæ**veunnt hæd maï **pii**ryeud foor ... meunnθs
Je suis enceinte (de ... mois).	**I'm (... months) pregnant.**	aïm (... meunnθs) **prèg**neunnt

How long have you been feeling like this?	Depuis combien de temps avez-vous ces troubles?
Have you had this before?	Avez-vous déjà eu cela avant?
I'll take your blood pressure/ temperature.	Je vais prendre votre tension/ température.
The pulse is weak.	Le pouls est faible.
Take off your . . ., please.	Enlevez votre . . ., s.v.p.
Please undress.	Déshabillez-vous, s.v.p.
Please sit/lie down over there.	Asseyez-vous/Etendez-vous là, s.v.p.
Open your mouth.	Ouvrez la bouche.
Breathe deeply.	Respirez à fond, s.v.p.
Cough, please.	Toussez, s.v.p.
Where does it hurt?	Où avez-vous mal?
You've got . . .	Vous avez . . .
appendicitis	l'appendicite
cystitis	une cystite
flu	une grippe
food poisoning	une intoxication alimentaire
gastritis	une gastrite
inflammation of . . .	une inflammation de . . .
jaundice	la jaunisse
measles	la rougeole
pneumonia	une pneumonie
venereal disease	maladie vénérienne
It's (not) contagious.	C'est (ce n'est pas) contagieux.
I'll give you an injection.	Je vais vous faire une piqûre.
I want a specimen of your blood/stools/urine.	Il me faut un prélèvement de votre sang/de vos selles/de votre urine.
You must stay in bed for . . . days.	Vous devrez rester au lit pendant . . . jours.
I want you to see a specialist.	Vous devriez consulter un spécialiste.

Ordonnance – Traitement *Prescription – Treatment*

Voici mon médicament habituel.
This is my usual medication.
ðiss iz maï **yoû**jeul mèdeu**kéi**cheunn

Pouvez-vous me faire une ordonnance pour cela?
Can you give me a prescription for this?
kæn yoû guiv mi eu pri**skrip**cheunn foor ðiss

Pourriez-vous me prescrire ...?
Can you prescribe ...?
kæn yoû pri**skraïb**

antidépressif
an antidepressant
eunn æntidi**prè**sseunnt

somnifère
sleeping pills
sliipinng pilz

tranquillisant
a sedative
eu **sè**deutiv

Je suis allergique aux antibiotiques/à la pénicilline.
I'm allergic to antibiotics/penicillin.
aïm eu**leûr**djik tou æntibaï**â**tiks/pèneu**si**leunn

Je ne veux pas quelque chose de trop fort.
I don't want anything too strong.
aï dôônt ouoont **è**niθinng toû stronng

Combien de fois par jour dois-je le prendre?
How many times a day should I take it?
haou **mè**ni taïmz eu déi choud aï téik it

Dois-je avaler les comprimés entiers?
Must I swallow the tablets whole?
meust aï **souâ**lôô ðeu **tæ**bleuts hôôl

What treatment are you having?	Quel traitement suivez-vous?
Are you taking any other drugs?	Prenez-vous d'autres médicaments?
By injection or orally?	En injection ou par la bouche?
Take a teaspoon of this medicine ...	Prenez une cuillère à café de ce médicament ...
Take one tablet/capsule (with a glass of water) ...	Prenez un comprimé/une capsule (avec un verre d'eau) ...
... times a day **before/after each meal** **in the morning/at night** **for ... days/weeks** **if there is any pain**	... fois par jour avant/après chaque repas le matin/le soir pendant ... jours/semaines en cas de douleurs

PHARMACIE, voir page 121

Honoraires *Fee*

Combien vous dois-je?	**How much do I owe you?**	haou meutch dou aï ôô yoû
Puis-je avoir une quittance pour mon assurance maladie?	**Could I have a receipt for my health insurance, please?**	koud aï hæv eu ri**siit** foor maï hèlθ inn**choû**reunnss pliiz
Puis-je avoir un certificat médical?	**Could I have a medical certificate?**	koud aï hæv eu **mè**dikeul seur**ti**fikeut
Auriez-vous l'obligeance de remplir cette feuille maladie?	**Could you fill in this health insurance form, please?**	koud yoû fil inn ðiss hèlθ inn**choû**reunnss foorm pliiz

Hôpital *Hospital*

Pourriez-vous avertir ma famille?	**Please inform my family.**	pliiz inn**foorm** maï **fæ**meuli
Quelles sont les heures de visite?	**What are the visiting hours?**	ouât ââr ðeu **vi**zeutinng aourz
Quand pourrais-je me lever?	**When can I get up?**	ouèn kæn aï guèt eup
Quand le médecin doit-il passer?	**When will the doctor come?**	ouèn ouil ðeu **dâk**teur keum
Je ne peux pas manger/dormir.	**I can't eat/sleep.**	aï kænt iit/sliip
J'ai mal.	**I'm in pain.**	aïm inn péinn
Puis-je avoir un analgésique?	**Could you give me a pain reliever, please?**	koud yoû guiv mi eu péinn ri**lii**veur pliiz

infirmier(ère)	**nurse**	neûrs
médecin/chirurgien	**doctor/surgeon**	**dâk**teur/**seûr**djeunn
patient(e)	**patient**	**péi**cheunnt
opération	**operation**	âpeu**réi**cheunn
piqûre/injection	**injection**	inn**djèk**cheunn
transfusion	**blood transfusion**	bleud trænss**fyoû**jeunn
bassin	**bedpan**	**bèd**pæn
lit/sonnette	**bed/bell**	bèd/bèl
thermomètre	**thermometer**	θeur**mâ**meuteur

Dentiste *Dentist*

Pouvez-vous me recommander un bon dentiste?	**Can you recommend a good dentist?**	kæn yoû rèkeu**mènd** eu goud **dèn**teust
Puis-je prendre un rendez-vous (urgent) avec le docteur ...?	**Can I make an (urgent) appointment to see Doctor ...?**	kæn aï méik eunn (**eûr**-djeunnt) eu**poïnt**meunnt tou sii **dâk**teur
Ne pourriez-vous pas le fixer plus tôt?	**Couldn't you make it earlier?**	**kou**deunnt yoû méik it **eûr**lieur
J'ai mal aux dents.	**I've got a toothache.**	aïv gât eu **toûθ**éik
J'ai perdu un plombage.	**I've lost a filling.**	aïv lost eu **fi**linng
La dent bouge/est cassée.	**The tooth is loose/ has broken off.**	ðeu toûθ iz loûss/hæz **brôô**keunn of
Cette dent me fait mal.	**This tooth hurts.**	ðiss toûθ heûrts
en haut	**at the top**	æt ðeu tâp
en bas	**at the bottom**	æt ðeu **bâ**teum
devant	**at the front**	æt ðeu freunnt
derrière	**at the back**	æt ðeu bæk
Est-ce un abcès/une infection?	**Is it an abscess/an infection?**	iz it eunn æb**sèss**/eunn inn**fèk**cheunn
Pouvez-vous me faire un traitement provisoire?	**Can you fix it temporarily?**	kæn yoû fiks it tèmpeu**rè**reuli
Je ne veux pas que vous l'arrachiez.	**I don't want it extracted.**	aï dôônt ouoont it iks**træk**teud
Pouvez-vous faire une anesthésie locale?	**Could you give me an anesthetic?**	koud yoû guiv mi eunn æneuss**θè**tik
Les gencives sont (très) irritées.	**The gums are (very) sore.**	ðeu gueumz ââr (**vè**ri) soor
La gencive saigne.	**The gum is bleeding.**	ðeu gueum iz **blii**dinng
J'ai cassé mon dentier.	**I've broken my denture.**	aïv **brôô**keunn maï **dèn**tcheur
Pouvez-vous réparer ce dentier?	**Can you repair the denture?**	kæn yoû ri**pèr** ðeu **dèn**tcheur
Quand sera-t-il prêt?	**When will it be ready?**	ouèn ouil it bi **rè**di

Renseignements divers

D'où venez-vous? *Where do you come from?*

Je viens de/d'...	**I'm from ...**	aïm freum
Afrique (du Nord)	**(North) Africa**	(noorθ) **æ**frikeu
Amérique Centrale	**Central America**	**sèn**treul eu**mè**reukeu
Amérique du Nord	**North America**	noorθ eu**mè**reukeu
Amérique du Sud	**South America**	saouθ eu**mè**reukeu
Asie	**Asia**	**éi**cheu
Australie	**Australia**	oos**tréil**yeu
Europe	**Europe**	**yoû**reup
Allemagne	**Germany**	**djeûr**meuni
Angleterre	**Great Britain/ England**	gréit **bri**teunn/ **inng**leunnd
Belgique	**Belgium**	**bèl**djeum
Canada	**Canada**	**kæ**neudeu
Chine	**China**	**tchaï**neu
Espagne	**Spain**	spéinn
France	**France**	frænss
Italie	**Italy**	**i**teuli
Japon	**Japan**	djeu**pæn**
Luxembourg	**Luxembourg**	**leuk**seumbeûrg
Mexique	**Mexico**	**mèk**sikôô
Suisse	**Switzerland**	**soui**tseurleunnd

Les Etats-Unis ... *The United States ...*

Alabama	æleu**bæ**meu	**Kentucky**	keunn**teu**ki
Alaska	eu**læ**skeu	**Louisiana**	louizi**æ**neu
Arizona	æreu**zôô**neu	**Maine**	méinn
Arkansas	**ââr**keunnsoo	**Maryland**	**mè**reuleunnd
California	kæleu**foorn**yeu	**Massachu-setts**	mæsseu**tchoûs**-seuts
Colorado	kâleu**ræ**dôô	**Michigan**	**mi**chigueunn
Connecticut	keu**nè**tikeut	**Mississippi**	misseu**si**pi
Delaware	**dè**leuouær	**Missouri**	meu**zoû**ri
Florida	**flo**reudeu	**Montana**	mân**tæ**neu
Georgia	**djoor**djeu	**Nebraska**	neu**bræs**keu
Hawaii	heu**ouââ**i	**Nevada**	neu**væ**deu
Idaho	**aï**deuhôô	**New Hamp-shire**	nyoû **hæm**cheur
Illinois	ileu**noï**	**New Jersey**	nyoû **djeûr**zi
Indiana	inndi**æ**neu	**New Mexico**	nyoû **mèk**sikôô
Iowa	**aï**oueu		
Kansas	**kæn**zeuss		

CARTE, voir page 192

New York nyoû yoork
North/South Carolina noorθ/saouθ kæreulaïneu
North/South Dakota noorθ/saouθ deukôôteu
Ohio ôôhaïôô
Oklahoma ôôkleuhôômeu
Oregon origueunn
Pennsylvania pènseulvéinyeu
Rhode Island rôôd aïleunnd
Tennessee tèneusii
Texas tèkseuss
Utah yoûtoo
Vermont veurmânt
(West) Virginia (ouèst) veurdjinyeu
Washington ouochinngteunn
Wisconsin ouiskânseunn
Wyoming ouaïôôminng
District of Columbia (DC) distrikt euv keuleumbyeu (di-si)

... et le Canada *... and Canada*

Alberta ælbeûrteu
British Columbia britich keuleumbyeu
Manitoba mæneutôôbeu
New Brunswick nyoû breunnzouik
Newfoundland nyoûfeunnleunnd
Nova Scotia nôôveu skôôcheu
Ontario ântèryôô
Prince Edward Island prinnss èdoueurd aïleunnd
Quebec kouibèk
Saskatchewan seuskætchoueunn
Northwest Territories noorθouèst tèreutooriz
Yukon Territory yoûkân tèreutoori

Chiffres *Numbers*

0	**zero/«0»**	ziirôô/ôô
1	**one**	oueunn
2	**two**	toû
3	**three**	θrii
4	**four**	foor
5	**five**	faïv
6	**six**	siks
7	**seven**	sèveunn
8	**eight**	éit
9	**nine**	naïn
10	**ten**	tèn
11	**eleven**	ilèveunn
12	**twelve**	touèlv
13	**thirteen**	θeûrtiin
14	**fourteen**	foortiin
15	**fifteen**	fiftiin
16	**sixteen**	sikstiin
17	**seventeen**	sèveunntiin
18	**eighteen**	éitiin
19	**nineteen**	naïntiin
20	**twenty**	touènti
21	**twenty-one**	touènti oueunn
22	**twenty-two**	touènti toû
23	**twenty-three**	touènti θrii
24	**twenty-four**	touènti foor
25	**twenty-five**	touènti faïv
26	**twenty-six**	touènti siks
27	**twenty-seven**	touènti sèveunn
28	**twenty-eight**	touènti éit
29	**twenty-nine**	touènti naïn
30	**thirty**	θeûrti
31	**thirty-one**	θeûrti oueunn
32	**thirty-two**	θeûrti toû
33	**thirty-three**	θeûrti θrii
40	**forty**	foorti
50	**fifty**	fifti
60	**sixty**	siksti
70	**seventy**	sèveunnti
80	**eighty**	éiti
90	**ninety**	naïnti

100	**one hundred**	oueunn **heunn**dreud
101	**one hundred (and) one**	oueunn **heunn**dreud (ænd) oueunn
102	**one hundred (and) two**	oueunn **heunn**dreud (ænd) toû
103	**one hundred (and) three**	oueunn **heunn**dreud (ænd) θrii
110	**one hundred (and) ten**	oueunn **heunn**dreud (ænd) tèn
120	**one hundred (and) twenty**	oueunn **heunn**dreud (ænd) **touèn**ti
200	**two hundred**	toû **heunn**dreud
300	**three hundred**	θrii **heunn**dreud
400	**four hundred**	foor **heunn**dreud
500	**five hundred**	faïv **heunn**dreud
600	**six hundred**	siks **heunn**dreud
700	**seven hundred**	**sè**veunn **heunn**dreud
800	**eight hundred**	éit **heunn**dreud
900	**nine hundred**	naïn **heunn**dreud
1,000	**one thousand**	oueunn **θaou**zeunn
1,100	**one thousand one hundred**	oueunn **θaou**zeunn oueunn **heunn**dreud
1,200	**one thousand two hundred**	oueunn **θaou**zeunn toû **heunn**dreud
2,000	**two thousand**	toû **θaou**zeunn
10,000	**ten thousand**	tèn **θaou**zeunn
50,000	**fifty thousand**	**fif**ti θaouzeunn
100,000	**one hundred thousand**	oueunn **heunn**dreud **θaou**zeunn
1,000,000	**one million**	oueunn **mil**yeunn
1,000,000,000	**one billion**	oueunn **bil**yeunn

premier	**first (1st)**	feûrst
deuxième	**second (2nd)**	**sè**keunnd
troisième	**third (3rd)**	θeûrd
quatrième	**fourth (4th)**	foorθ
cinquième	**fifth (5th)**	fifθ
sixième	**sixth**	siksθ
septième	**seventh**	**sè**veunnθ
huitième	**eighth**	éitθ
neuvième	**ninth**	naïnθ
dixième	**tenth**	tènθ
une/deux/trois fois	**once/twice/three times**	oueunnss/touaïss/θrii taïmz
moitié/un demi	**half/a half**	hæf/eu hæf
un tiers	**one third**	oueunn θeûrd
un quart	**a quarter**	eu **kouoor**teur
une douzaine	**a dozen**	eu **deu**zeunn
3,4%	**3.4 percent**	θrii poïnt foor peur**sènt**

Année et âge *Year and age*

année	**year**	yiir
année bissextile	**leap year**	liip yiir
décennie	**decade**	**dè**kéid
siècle	**century**	**sèn**tcheuri
cette année	**this year**	ðiss yiir
l'année passée	**last year**	læst yiir
l'année prochaine	**next year**	nèkst yiir
chaque année	**each year**	iitch yiir
il y a deux ans	**2 years ago**	2 yiirz eu**gôô**
dans une année	**in one year**	inn oueunn yiir
dans les années 80	**in the '80s**	inn ðeu **éi**tiz
le 20ème siècle	**the 20th century**	ðeu **touèn**tyeuθ **sènt**-cheuri
au 21 ème siècle	**in the 21st century**	inn ðeu touènti**feûrst** **sèn**tcheuri
1981	**nineteen eighty-one**	naïn**tiin éi**ti oueunn
1992	**nineteen ninety-two**	naïn**tiin naïn**ti toû
2003	**two thousand and three**	toû **θaou**zeunn ænd θrii
Quel âge avez-vous?	**How old are you?**	haou ôôld ââr yoû
J'ai 30 ans.	**I'm 30 (years old).**	aïm 30 (yiirz ôôld)
Il/Elle est né(e) en 1966.	**He/She was born in 1966.**	hi/chi oueuz boorn inn 1966
Quand a-t-il/elle son anniversaire?	**When's his/her birthday?**	ouènz hiz/heûr **beûrθ**déi

CHILDREN UNDER ... ARE NOT ALLOWED — LES ENFANTS EN-DESSOUS DE ... ANS NE SONT PAS ADMIS

Saisons *Seasons*

printemps	**spring**	sprinng
été	**summer**	**seu**meur
automne	**fall**	fool
hiver	**winter**	**ouinn**teur
au printemps	**in spring**	inn sprinng
pendant l'été	**during the summer**	**dyoû**rinng ðeu **seu**meur
haute saison	**high season**	haï **sii**zeunn
basse saison	**low season**	lôô **sii**zeunn

Mois *Months*

janvier	**January**	**djæ**nyoûèri
février	**February**	**fè**broûèri
mars	**March**	mâârtch
avril	**April**	**éi**preul
mai	**May**	méi
juin	**June**	djoûn
juillet	**July**	djou**laï**
août	**August**	**oo**gueust
septembre	**September**	sèp**tèm**beur
octobre	**October**	âk**tôô**beur
novembre	**November**	nôô**vèm**beur
décembre	**December**	di**sèm**beur
en août	**in August**	inn **oo**gueust
depuis octobre	**since October**	sinnss âk**tôô**beur
jusqu'en juin	**until June**	eunn**til** djoûn
début mai	**the beginning of May**	ðeu bi**gui**ninng euv méi
mi-février	**the middle of February**	ðeu **mi**deul euv fèbroûèri
fin novembre	**the end of November**	ði ènd euv nôô**vèm**beur
ce mois	**this month**	ðiss meunnθ
le mois dernier	**last month**	læst meunnθ
le mois prochain	**next month**	nèkst meunnθ
le mois d'avant	**the month before**	ðeu meunnθ bi**foor**
pendant 3 mois	**(for) three months**	(foor) θrii meunnθs

Jours – Date* *Days – Date*

Quel jour sommes-nous?	**What day is it today?**	ouât déi iz it teu**déi**
dimanche	**Sunday**	**seunn**di
lundi	**Monday**	**meunn**di
mardi	**Tuesday**	**tyoûz**di
mercredi	**Wednesday**	**ouènz**di
jeudi	**Thursday**	**θeûr**zdi
vendredi	**Friday**	**fraï**di
samedi	**Saturday**	**sæ**teurdi
Quelle est la date d'aujourd'hui?	**What's the date today?**	ouâts ðeu déit teu**déi**

---

* Aux Etats-Unis, la date est généralement abrégée dans l'ordre mois-jour-année; le 10/6/92 est donc le 6 octobre, et *non pas* le 10 juin 1992.

Nous sommes le 1er juillet.	**It's July 1st.**	its djou**laï** feûrst/its ðeu feûrst euv djou**laï**
Nous partons le 5 mai.	**We are leaving on May 5th.**	oui ââr **lii**vinng ân ðeu fifθ euv méi
le matin	**in the morning**	inn ðeu **moor**ninng
à midi	**at noon**	æt noûn
(dans) l'après-midi	**in the afternoon**	inn ðeu æfteur**noûn**
le soir	**in the evening**	inn ðeu **iiv**ninng
la nuit	**at night**	æt naït
à minuit	**at midnight**	æt **mid**naït
avant-hier	**the day before yesterday**	ðeu déi bi**foor yè**steurdi
hier	**yesterday**	**yè**steurdi
aujourd-hui	**today**	teu**déi**
demain	**tomorrow**	teu**mâr**ôô
après-demain	**the day after tomorrow**	ðeu déi **æf**teur teu**mâr**ôô
il y a 2 jours	**two days ago**	toû déiz eu**gôô**
dans 3 jours	**in three days' time**	inn θrii déiz taïm
la semaine passée	**last week**	læst ouiik
la semaine prochaine	**next week**	nèkst ouiik
du lundi au vendredi	**Monday thru Friday**	**meunn**di θrou **fraï**di
anniversaire	**birthday**	**beûrθ**déi
fin de semaine	**weekend**	**ouiik**ènd
jour de congé	**day off**	déi of
jour férié	**legal holiday**	**lii**gueul **hâ**leudéi
jour ouvrable	**workday**	**oueûrk**déi
vacances/congé	**vacation**	véi**kéi**cheunn

Salutations et bons vœux *Greetings and wishes*

Félicitations!	**Congratulations!**	keunngrætcheu**léi**cheunnz
Joyeux anniversaire!	**Happy birthday!**	**hæ**pi **beûrθ**déi
Joyeux Noël!	**Merry Christmas!**	**mè**ri **kriss**meuss
Bonne et heureuse année!	**Happy New Year!**	**hæ**pi nyoû yiir
Je vous souhaite ...	**I wish you ...**	aï ouich yoû
Bonne chance!	**Good luck!**	goud leuk
Bon voyage!	**Have a nice trip!**	hæv eu naïss trip

Bonnes vacances!	**Have a nice vacation!**	hæv eu naïss véi**kéi**cheunn
Meilleures salutations de/à ...	**Best regards from/to ...**	bèst ri**gâârdz** freum/tou

Jours fériés *Legal holidays*

1er janvier	**New Year's Day**	Nouvel-An
3ème lundi de janvier	**Martin Luther King Day***	Consacré à la mémoire de M.-L. King (U.S.A.)
3ème lundi de février	**Washington's Birthday****	Anniversaire de Washington (U.S.A.)
lundi précédant le 25 mai	**Victoria Day**	Jour de la reine Victoria (Canada)
dernier lundi de mai	**Memorial Day***	A la mémoire des soldats tombés au front (U.S.A.)
1er juillet	**Canada Day**	Fête nationale canadienne
4 juillet	**Independence Day**	Fête de l'indépendance des E.U.
1er lundi d'août	**Civic Holiday**	Jour férié national au Canada
1er lundi de septembre	**Labor Day**	Fête du travail (U.S.A. et Canada)
2ème lundi d'octobre	**Columbus Day***	Jour de Colomb (U.S.A.)
	Thanksgiving Day	Jour d'action de grâce (Canada)
11 novembre	**Veterans' Day***	Jour des anciens combattants (U.S.A.)
	Remembrance Day*	Jour de l'armistice (Canada)
4ème jeudi de novembre	**Thanksgiving Day**	Jour d'action de grâce (U.S.A.)
25 décembre	**Christmas Day**	Noël
26 décembre	**Boxing Day**	Férié au Canada
Fêtes mobiles	**Good Friday**	Vendredi-Saint (Can.)
	Easter Monday	Lundi de Pâques (Can.)

* ne sont pas fériés partout   ** appelé aussi *Presidents' Day*

Quelle heure est-il? *What time is it?*

Pardon. Pouvez-vous me donner l'heure?	**Excuse me. Do you have the time?**	iks**kyoûz** mi. dou yoû hæv ðeu taïm
Il est ...	**It's ...**	its
une heure cinq	**five after one**	faïv **æf**teur oueunn
deux heures dix	**ten after two**	tèn **æf**teur toû
trois heures et quart	**a quarter after three**	eu **kouoor**teur **æf**teur θrii
quatre heures vingt	**twenty after four**	**touèn**ti **æf**teur foor
cinq heures vingt-cinq	**twenty-five after five**	**touèn**ti faïv **æf**teur faïv
six heures et demie	**half past six/six thirty**	hæf pæst siks/siks **θeû**rti
sept heures moins vingt-cinq	**twenty-five to seven**	**touèn**ti faïv tou **sè**veunn
huit heures moins vingt	**twenty to eight**	**touèn**ti tou éit
neuf heures moins le quart	**a quarter to nine**	eu **kouoor**teur tou naïn
dix heures moins dix	**ten to ten**	tèn tou tèn
onze heures moins cinq	**five to eleven**	faïv tou **ilè**veunn
douze heures (midi/ minuit)	**twelve o'clock (noon/ midnight)**	touèlv eu**klâk** (noûn/ **mid**naït)
6h.40	**6.40 (a.m.)***	siks **foor**ti (éi èm)
13h.04	**1.04 (p.m.)***	oueunn ôô foor (pi èm)
dans cinq minutes	**in five minutes**	inn faïv **mi**neuts
dans un quart d'heure	**in fifteen minutes**	inn fif**tiin mi**neuts
il y a une demi-heure	**half an hour ago**	hæf eunn aour eu**gôô**
environ deux heures	**about two hours**	eu**baout** toû aourz
plus de 10 minutes	**more than 10 minutes**	moor ðæn 10 **mi**neuts
moins de 30 secondes	**less than 30 seconds**	lèss ðæn 30 **sè**keunndz
L'horloge avance/ retarde.	**The clock is fast/ slow.**	ðeu klâk iz fæst/slôô
Désolé(e) d'être en retard.	**Sorry for being late.**	**sâ**ri foor **bi**inng léit
tôt/tard	**early/late**	**eû**rli/léit
à l'heure	**on time**	ân taïm

---

* L'heure est indiquée d'après le système des 12 heures. Pour éviter les confusions, on fait suivre les heures de minuit à midi des lettres *a.m.* et celles de midi à minuit des lettres *p.m.*

CHIFFRES, voir page 147

Abréviations *Abbreviations*

AAA	**American Automobile Association**	Automobile Club des Etats-Unis
a.m.	**ante meridiem**	avant midi
att(n).	**attention**	à l'attention de
Ave.	**avenue**	avenue
Blvd.	**boulevard**	boulevard
c/o	**(in) care of**	chez (pour adresse)
Corp.	**corporation**	Compagnie
DDS	**doctor of dental surgery/ science**	médecin dentiste
dept.	**department**	département
e.g.	**for example**	par exemple
enc./encl.	**enclosure**	annexe
Frwy	**freeway**	autoroute
hp	**horsepower**	cheval vapeur
Hwy	**highway**	route principale
i.e.	**id est ("that is")**	c'est-à-dire
Inc.	**incorporated**	type de société anonyme
MD	**medical doctor**	docteur en médecine
Mgr.	**manager**	directeur
m.p.h.	**miles per hour**	miles par heure
Mr.	**Mister**	Monsieur
Mrs.	**(Missus/Missis)***	Madame
Ms.	**Mrs./Miss**	Madame/Mademoiselle
Pkwy	**parkway**	autoroute
p.t.o.	**please turn over**	tournez, s.v.p.
P.O.(B.)	**post office (box)**	poste (case postale)
p.m.	**post meridiem**	après midi
Rd.	**road**	route, rue, chemin
Rev.	**reverend**	ecclésiastique
RR	**railroad**	chemin de fer
Soc.	**society**	société
SRO	**standing room only/ single room occupancy**	places debout uniquement/ chambre occupée par une personne
St.	**street; saint**	rue; saint(e)
Tpk(e)	**turnpike**	autoroute
Twp	**township**	district
UN	**United Nations**	Nations Unies (O.N.U.)
VP	**vice president**	vice-président
Xmas	**Christmas**	Noël
ZIP (Code)	**zone improvement plan (code)**	code postal

* Jamais écrits en toutes lettres mais prononcés comme ça.

Ecriteaux – Inscriptions *Signs and notices*

Beware of dog	Attention au chien
Bicycle path	Piste cyclable
Bridle path	Piste cavalière
Cashier	Caisse
Caution	Prudence
Clearance	Soldes
Closed	Fermé
Cold	Froid
Danger (of death)	Danger (de mort)
Do not disturb	Ne pas déranger
Do not touch	Ne pas toucher
Down	En bas, vers le bas
Elevator	Ascenseur
Emergency exit	Sortie de secours
Entrance	Entrée
Escalator	Escalier roulant
Exit	Sortie
For (4) rent	A louer
For (4) sale	A vendre
Garage/Yard sale	Vente de mobilier, etc (dans le garage/la cour)
Hot	Chaud
Keep off grass	Ne pas marcher sur la pelouse
Men	Messieurs
No entrance	Interdiction d'entrer
No littering ($200 fine)	Interdiction de laisser des déchets (amende: $200)
No smoking	Défense de fumer
No trespassing	Entrée interdite
Occupied	Occupé
Open	Ouvert
Out of order	Hors service, en panne
Please ring	Sonnez, s.v.p.
Private road/parking/property/lake (keep out)	Chemin/parking/propriété/lac privé (entrée interdite)
Pull	Tirez
Push	Poussez
Reserved	Réservé
Sale	Soldes
Sold out	Stock épuisé; complet
Up	En haut, vers le haut
Vacant	Libre; vide
Wet paint	Peinture fraîche
Women/Ladies	Dames

PANNEAUX ROUTIERS, voir page 79

Urgences *Emergency*

Pour les urgences vraiment graves vous pouvez faire le 911 dans toutes les grandes villes. Ailleurs, si vous faites le «0», la centrale vous mettra en rapport avec le service compétent.

Allez vite chercher du secours	**Get help quickly**	guèt hèlp **kouikli**
Allez-vous-en	**Go away**	gôô eu**ouéi**
Ambassade/Consulat	**Embassy/Consulate**	**èm**beussi/**kâns**seuleut
Ambulance	**Ambulance**	**æm**byeuleunnss
Appelez la police	**Call the police**	kool ðeu peu**liiss**
Appelez un médecin	**Get a doctor**	guèt eu **dâk**teur
ARRÊTEZ	**STOP**	stâp
ATTENTION	**LOOK OUT**	louk aout
AU FEU	**FIRE**	faïr
AU SECOURS	**HELP**	hèlp
Au voleur	**Stop thief**	stâp θiif
DANGER	**DANGER**	**déinn**djeur
Dépêchez-vous	**Be quick/Hurry**	bi kouik/**heu**ri
Je me suis égaré(e)	**I'm lost**	aïm lost
Je suis malade	**I'm sick**	aïm sik
Laissez-moi tranquille	**Leave me alone**	liiv mi eu**lôôn**
Poison	**Poison**	**poï**zeunn
POLICE	**POLICE**	peu**liiss**
Prudence	**Caution**	**koo**cheunn
Vite	**Quick**	kouik

Objets perdus – Vol *Lost and found – Theft*

Où est le bureau des objets trouvés/le poste de police?	**Where's the lost and found office/the police station?**	ouèrz ðeu lost ænd faound **â**feuss/ðeu peu**liiss stéi**cheunn
Je voudrais déclarer un vol.	**I'd like to report a theft.**	aïd laïk tou ri**poort** eu θèft
On m'a volé mon/ma/mes …	**My … has been stolen.**	maï … hæz biin **stôô**leunn
J'ai perdu mon/ma/mes …	**I've lost my …**	aïv lost maï
argent/clés	**money/keys**	**meu**ni/kiiz
passeport	**passport**	**pæss**poort
portefeuille	**wallet**	**ouâ**leut
sac à main	**handbag**	**hæn**bæg

ACCIDENTS DE VOITURE, voir page 79

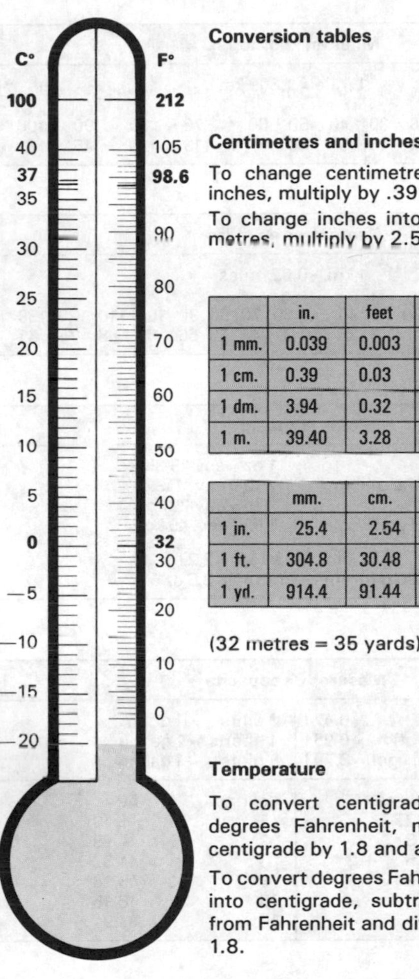

Conversion tables

Centimetres and inches

To change centimetres into inches, multiply by .39.

To change inches into centimetres, multiply by 2.54.

	in.	feet	yards
1 mm.	0.039	0.003	0.001
1 cm.	0.39	0.03	0.01
1 dm.	3.94	0.32	0.10
1 m.	39.40	3.28	1.09

	mm.	cm.	m.
1 in.	25.4	2.54	0.025
1 ft.	304.8	30.48	0.305
1 yd.	914.4	91.44	0.914

(32 metres = 35 yards)

Temperature

To convert centigrade into degrees Fahrenheit, multiply centigrade by 1.8 and add 32.

To convert degrees Fahrenheit into centigrade, subtract 32 from Fahrenheit and divide by 1.8.

Miles en kilomètres

1 mile = 1,609 km

miles	10	20	30	40	50	60	70	80	90	100
km	16	32	48	64	80	97	113	129	145	161

Kilomètres en miles

1 km = 0,62 miles

km	10	20	30	40	50	60	70	80	90	100	110	120	130
miles	6	12	19	25	31	37	44	50	56	62	68	75	81

Poids et mesures

oz = an ounce	1 oz = env 28,35 g
(eunn aounnss – une once)	¼ lb = env. 113 g
1 lb = a pound	½ lb = env 227 g
(eu paound – une livre)	1 lb = env. 454 g

1 kg (a kilo – eu **ki**lôô) = 2,2 lb
100 g (grams – græmz) = 3,5 oz

Mesures de capacité

1 pint (païnt – pt)	= 0,47 l	2 pints	= 1 quart
1 quart (kouoort – qt)	= 0,95 l	4 quarts	= 1 gallon
1 gallon (gæleunn – gal)	= 3,79 l	8 pints	= 1 gallon

litres	gallons	gallons	litres
1	0,26	1	3,79
5	1,3	2	7,58
10	2,6	3	11,37
20	5,2	4	15,16
30	7,8	5	18,95
50	13	10	37,9

TAILLES ET POINTURES, voir page 110

Résumé de grammaire

L'article

L'article défini (le, la, les) a une seule forme: *the*.

the room, the rooms	la chambre, les chambres

L'article indéfini (un, une, des) a deux formes: *a* s'emploie devant une consonne, *an* devant une voyelle on un «h» muet.

a coat	un manteau
an umbrella	un parapluie
an hour	une heure

Some indique une quantité ou un nombre indéfini.

I'd like some water, please.	Je voudrais de l'eau, s.v.p.
Please bring me some biscuits.	Apportez-moi des biscuits, s.v.p.

Any s'emploie dans les phrases négatives et différents types d'interrogatives.

There isn't any soap.	Il n'y a pas de savon.
Do you have any stamps?	Avez-vous des timbres?

Le nom

Le pluriel de la plupart des noms se forme par l'addition de *-(e)s* au singulier.

cup – cups (tasse – tasses) **dress – dresses** (robe – robes)

Note: Si un nom se termine par *-y* précédé d'une consonne, le pluriel se termine par *-ies*; si le *-y* est précédé d'une voyelle, il n'y a pas de changement.

lady – ladies (dame – dames) **key – keys** (clé – clés)

Quelques pluriels irréguliers:

man – men (homme – hommes)	**foot – feet** (pied – pieds)
woman – women (femme – femmes)	**tooth – teeth** (dent – dents)
child – children (enfant – enfants)	**mouse – mice** (souris – souris)

Le complément du nom (génitif)

1. Le possesseur est une personne: si le nom ne se termine pas par *-s* on ajoute *'s*.

the boy's room	la chambre du garçon
the children's clothes	les vêtements des enfants

Si le nom se termine par *-s*, on ajoute seulement l'apostrophe.

the boys' room	la chambre des garçons

2. Le possesseur n'est pas une personne: on utilise la préposition *of*; de même lorsqu'il s'agit de quantité.

the key of the door	la clé de la porte
a cup of coffee	une tasse de café

L'adjectif

Les adjectifs se placent normalement avant le nom.

a large brown suitcase	une grande valise brune

Il y a deux façons de former le comparatif et le superlatif:

1. Les adjectifs d'une syllabe et de nombreux adjectifs de deux syllabes prennent la terminaison *-(e)r* et *-(e)st*.

small (petit) – **smaller – smallest**
pretty (joli) – **prettier – prettiest***

2. Les adjectifs de trois syllabes et plus, et certains de deux (en particulier ceux qui se terminent par *-ful* et *-less*) forment leurs comparatif et superlatif avec *more* et *most*.

expensive (cher) – **more expensive – most expensive**
careful (prudent) – **more careful – most careful**

Notez les formations irrégulières suivantes:

good (bon)	**better**	**best**
bad (mauvais)	**worse**	**worst**
little (peu)	**less**	**least**
much/many (beaucoup)	**more**	**most**

* L'*y* se change en *i* lors qu'il est précédé d'une consonne.

Adverbes

De nombreux adverbes se forment en ajoutant *-ly* à l'adjectif.

quick – quickly rapide – rapidement
slow – slowly lent – lentement

Le pronom

	Sujet	Complément (dir./indir.)	Possessif 1	Possessif 2
Singulier				
1ère personne	**I**	**me**	**my**	**mine**
2e personne	**you**	**you**	**your**	**yours**
3e personne (m)	**he**	**him**	**his**	**his**
(f)	**she**	**her**	**her**	**hers**
(n)	**it**	**it**	**its**	**–**
Pluriel				
1ère personne	**we**	**us**	**our**	**ours**
2e personne	**you**	**you**	**your**	**yours**
3e personne	**they**	**them**	**their**	**theirs**

Note: L'anglais ignore le tutoiement. La forme *you* signifie donc «tu» et «vous».

Le cas complément s'emploie aussi après les prépositions.

Give it to me. Donnez-le moi.
He came with us. Il est venu avec nous.

La forme 1 du possessif correspond à «mon», «ton», etc., la forme 2 à «le mien», «le tien», etc.

Where's my key? Où est ma clé?
That's not mine. Ce n'est pas la mienne.

Démonstratif

This (ce … -ci, celui-ci; pluriel *these*) se réfère à une chose proche dans l'espace ou le temps. *That* (ce…-là, celui-là; pluriel *those*) se réfère à une chose plus éloignée.

Is this seat taken? Ce siège est-il occupé?

Verbes auxiliaires

a. **to be** (être)

	Forme contractée	Négatif – formes contractées		
I am	**I'm**		**I'm not**	
you are	**you're**	**you're not**	ou	**you aren't**
he is	**he's**	**he's not**		**he isn't**
she is	**she's**	**she's not**		**she isn't**
it is	**it's**	**it's not**		**it isn't**
we are	**we're**	**we're not**		**we aren't**
they are	**they're**	**they're not**		**they aren't**

Interrogatif: **Am I? Are you? Is he?** etc.

Note: Dans le langage courant, on emploie presque toujours les formes contractées.

L'anglais a deux formes pour le français «il y a»: *there is (there's)* suivi d'un nom au singulier; *there are* suivi d'un nom au pluriel.

b. **to have** (avoir)

	Contraction		Contraction
I have	**I've**	**we have**	**we've**
you have	**you've**	**you have**	**you've**
he/she/it has	**he/she/it's**	**they have**	**they've**

Négation: **I have not (I haven't)**
Interrogation: **Have you? – Has he?**

c. **to do** (faire)

	Négatif contracté		Négatif contracté
I do	**I don't**	**we do**	**we don't**
you do	**you don't**	**you do**	**you don't**
he/she/it does	**he/she/it doesn't**	**they do**	**they don't**

Interrogation: **Do you? Does he/she/it?**

Autres verbes

L'infinitif est utilisé pour toutes les personnes du présent; on ajoute simplement *-(e)s* à la 3e personne du singulier.

	(to) love (aimer)	(to) come (venir)	(to) go (aller)
I	love	come	go
you	love	come	go
he/she	loves	comes	goes
we	love	come	go
they	love	come	go

La négation se forme au moyen de l'auxiliaire *do* (3e personne *does*) + *not* + infinitif du verbe.

We do not (don't) like this hotel. Nous n'aimons pas cet hôtel.

L'interrogation se forme aussi avec l'auxiliaire *do* + sujet + infinitif.

Do you like her? L'aimez-vous?

Présent continu

Ce temps n'existe pas en français. On le forme avec le verbe *to be* (être) + le participe présent du verbe conjugué. Le participe présent se forme en ajoutant *-ing* à l'infinitif (en laissant tomber le *-e* final quand il y en a un). Notez que le présent continu ne peut s'employer qu'avec certains verbes, car il indique une action qui se passe ou un état qui est, au moment précis ou on parle.

What are you doing? Que faites-vous (en ce moment)?
I'm writing a letter. J'écris une lettre.

Impératif

L'impératif (singulier et pluriel) a la même forme que l'infinitif (sans *to*). La négation se forme avec *don't*.

Please bring me some water. Apportez-mois de l'eau, s.v.p.
Don't be late. Ne soyez pas en retard.

Lexique
et index alphabétique

Français-Anglais

à at, to 15
à bientôt see you later 10
abcès abscess 145
abréviation abbreviation 154
abricot apricot 53
accepter to accept 62
accessoire accessory 115, 126
accident accident 79, 139
achat purchase 131
achats, guide des shopping guide 97
acheter to buy 17, 100
acier steel 109
acier inoxydable stainless steel 109
acteur/actrice actor 87
action *(titre)* share 131
adaptateur adapter 26
addition check, bill 35, 62
adresse address 21, 25, 76, 79, 102
aéroport airport 21, 65
affaires business 16, 93, 131
affreux awful 94
Afrique Africa 146
âge age 149
agence de voyage travel agent 99
agenda agenda 118
agneau lamb 46
agrafe staple 117
agrandir *(photo)* to enlarge 126
agréable enjoyable 31; great 95
aider to help 13, 21, 78, 100, 103
aiglefin haddock 44
aigre sour 61
aiguille needle 27, 115
ail garlic 51
aile wing 41
aimable kind 95; friendly 93
aimer to like 13; to love 163
alcool alcohol 37
alcoolique alcoholic 58
alcool, sans non alcoholic 60
aliment food 124
Allemagne Germany 146
aller to go 11, 72, 77, 88, 96; *(à)* to get to 76; *(vêtement)* to fit 113
aller chercher to get 156
aller retour round-trip 65, 69
aller, s'en to go away 156
aller simple one-way 65, 69
allergie allergy 140
allergique allergic 141, 143
alliance *(bague)* wedding band 105
allumage ignition 78
allumette match 107, 108
alphabet alphabet 9
alpinisme mountain climbing 90
amande almond 53
ambassade embassy 156
ambre amber 106
ambulance ambulance 79, 156
amende fine 155
amener to bring 95
amer bitter 61
américain(e) American 111
Amérique Centrale Central America 146
Amérique du Nord North America 146
Amérique du Sud South America 146
améthyste amethyst 106
ami friend 95; boyfriend 93
amie friend 95; girlfriend 93
ample loose 113
ampoule *(électrique)* (light) bulb 29, 75, 104; *(méd.)* blister 139

amuser, s' to have a nice time 96
amygdales tonsils 138
an year 110, 149
analgésique pain reliever 122, 144; analgesic 140
ananas pineapple 53
anchois anchovy 63
ancien old 14
anesthésie anaesthetic 145
aneth dill 51
anglais English 11, 12, 35, 95, 117
Angleterre England, Great Britain 146
anguille eel 44
animal animal 85
animal en peluche stuffed animal 128
année year 93, 149
année bissextile leap year 149
anniversaire birthday 151, 152
annuaire téléphonique telephone directory 134
annuler to cancel 65
antibiotique antibiotic 143
antipyrétique antipyretic 122
antiquaire antique shop 98
antiquité antique 83
antiseptique antiseptic 122
août August 150
à point *(viande)* medium (done) 47
appareil photo camera 82, 125
appartement apartment 22
appel *(téléphonique)* phone call 136
appeler to call 11, 79, 135, 136, 156; to get 21
appendicite appendicitis 142
apporter to bring 13
après after 14, 15, 143
après-midi afternoon 10, 151
après-rasage after-shave 123
arbre tree 85
archéologie archeology 83
architecte architect 83
architecture architecture 83
argent money 130, 133, 156; *(comptant)* cash 20, 31; *(devise)* currency 18, 129; *(métal)* silver 105, 106; *(couleur)* silver 111
argenté silver plated 106
argenterie silverware 105
arracher *(dent)* to extract 145
arrêt stop 73
arrêt de bus bus stop 73; bus waiting area 18
arrêter, s' to stop 21, 68, 70, 72
arrivée arrival 16, 70
arriver to arrive 65, 68; to call at 74
art art 83
artère artery 138
artichaut artichoke 41, 50
articles de toilette toiletry 123
articulation joint 138
artificiel artificial 125
artisanat handicrafts 83
artiste artist 83
ascenseur elevator 27, 103, 155
Asie Asia 146
asperge asparagus 41, 50
aspirine aspirin 122
asseoir, s' to sit 95
assez enough 14
assiette plate 36, 61, 109
assistance routière road assistance 78
assortir to match 112
assurance insurance 20, 144; insurance company 79
assurance maladie health insurance 144
assurer to insure 132
asthme asthma 141
athlétisme track-and-field 89
atteindre to get 135
attendre to wait (for) 21, 95; to expect 130
attention! look out! 156; *(à ...)* beware of ...! 155
attirail de pêche fishing tackle 108
auberge de jeunesse youth hostel 22, 32
aubergine eggplant 50
aujourd'hui today 29, 151
au revoir goodbye 10
aussi also 15
Australie Australia 146
autocar bus 72
auto-collant self-adhesive 118
automatique automatic 20, 106, 125
automne fall 149
autoradio car stereo 104
autoroute expressway 76; toll highway 75; turnpike 75, 154
autostop, faire de l' to hitchhike 74
autre other, another 25, 57, 112
avaler to swallow 143
avancer *(montre)* to be fast 105, 153
avant before 14, 15

avec with 15
avertir to inform 144
avion plane 65
avion, par airmail 132
aviron rowing 89
avocat *(légume)* avocado 41, 50
avoir to have 13, 162
avril April 150

B

bagage baggage 18, 21, 26, 31, 71; luggage 18
bagages, chariot à luggage cart 18, 71
bague ring 105
bain bath 23
bain de mousse foam bath 123
balcon balcony 23; *(théâtre)* mezzanine 88
ballet ballet 87
ballon ball 128
banane banana 53
bandage élastique flexible bandage 122
banque bank 99, 129, 130
bar bar 33
barbe beard 31
bariolé colorful 112
barrette barrette 124
bas low 141
bas *(vêtement)* pair of stockings 114
bas, en down 14
basilic basil 51
basketball basketball 89
basse saison low season 149
bassin *(pour le lit)* bedpan 144
bateau boat 73, 74; ship 74
bateau à rames rowboat 91
bateau de sauvetage lifeboat 74
bateau à vapeur steamboat 74
bâtiment building 83
bâtir to build 83
batiste cambric 112
batterie battery 75, 78
beau beautiful 14, 84, 94
beaucoup much, *(pl.)* many, a lot 14
bébé baby 124
beige beige 111
beignet doughnut 63
belge Belgian 18, 117, 130
Belge Belgian 13, 92
Belgique Belgium 134, 146
bénéfice profit 131
besoin, avoir to need 13, 29, 130, 137
betterave *(rouge)* beet 50
beurre butter 37, 38, 64
biberon nursing bottle 124
bibliothèque library 81, 99
bicyclette bicycle 74
bidon *(à eau)* water canteen 108; *(d'essence)* jerrican 78
bien well 140; fine 10, 25
bien cuit *(viande)* well-done 47
bientôt soon 15
bientôt, à see you later 10
bière beer 56, 64; *(pression)* beer on tap 56
bifteck steak 34, 45
bigoudi roller 124
bijou jewel 105
bijouterie jewelry store 98, 105
bikini bikini 114
bilan *(balance)* balance 131
billet ticket 16, 69, 87, 88, 89; *(de banque)* bill 130
biscuit cookie 64; *(salé)* cracker 64
blaireau shaving brush 123
blanc white 57, 111, 125
blanchisserie laundry 23, 29, 99; *(service de blanchisserie)* laundry service 24
blessé injured 79, 139
blesser, se to hurt oneself 139
blessure injury 139; wound 139
bleu blue 111
bloc à dessins drawing pad 118
bloc-note memo pad 118
bloqué jammed 28, 126
blouse blouse 114
bœuf beef 45
boire to drink 35, 36
bois wood 85
boisson drink 35, 55, 56, 58, 61; beverage 60
boîte *(conserve)* can 119
boîte aux lettres mailbox 19, 132
boîte de nuit nightclub 88
boîte à peinture *(à l'eau)* box of water colors 118
boîte à provisions food container 109
boîte à vitesses transmission 78
bon good 14, 35, 86, 110, 160
bonbon candy 64, 107
bonbonnerie candy store 98
bonjour good morning 10; good afternoon 10

bon marché cheap 14; inexpensive 125
bonnet de bain bathing cap 115
bonsoir good evening 10
bosse lump 139
botanique botany 83
botte boot 116; *(en caoutchouc)* rubber boot (*pl.* rubbers) 116
bouche mouth 138, 142
bouché plugged 28
boucherie butcher shop 98
boucle *(de ceinture)* buckle 115
boucle d'oreille earring 105
bouée *(ceinture de sauvetage)* life belt 74
bouger to move 139
bougie candle 108; *(voiture)* spark plug 75
bouilli boiled 51
boulangerie bakery 98
Bourse stock exchange 81
boussole compass 108
bouteille bottle 17, 56
boutique de mode boutique 98
bouton button 29, 115
bouton de manchette cuff link 105, 115
bouton-pression snap fastener 115
boxe boxing 89
bracelet bracelet 105; *(anneau)* bangle 105
bracelet de montre watch band 105
bras arm 138, 139
breloque charm 105
bretelles suspenders 115
briquet (cigarette) lighter 105, 107
broche *(bijou)* brooch 105; *(pour rôtir)* skewer 108
brochet pike 44
brosse à cheveux hairbrush 124
brosse à dents toothbrush 123
brosse à ongles nailbrush 123
brouillard fog 94
brûlure burn 139
brun brown 111
brushing blow-dry 30
bruyant noisy 25
buffet express snack bar 68
bureau office 68
bureau de change currency exchange office 18, 129
bureau des objets trouvés lost and found office 19, 68, 99, 156
bureau de poste post office 99, 132
bureau de renseignements information office 68
bureau de tabac tobacco shop 98, 107
bus bus 11, 18, 19, 72, 73

C

cabillaud cod 44
cabine cabin 74
cabine d'essayage fitting room 113
cabine de bain cabana 91
cabine téléphonique telephone booth 134
cabinet médical doctor's office 137
câble de démarrage booster cable 78
câble de remorquage towrope 78
cacahuète peanut 53
cadeau gift 17, 118; present 105
cadenas padlock 108
café coffee 38, 60, 64; *(établissement)* coffee shop 33
café en poudre instant coffee 64
cahier composition book 118
caille quail 48
caisse cashier 103, 155
calculatrice de poche pocket calculator 104, 118
calendrier calendar 118
calepin notebook 118
calme quiet 23
caméra camcorder 125
campagne countryside 85
camper to camp 32
camping camping 32, 108
camping, matériel de camping equipment 108
camping, terrain de campsite 32
Canada Canada 92, 147
canadien Canadian 18, 131
Canadien/Canadienne Canadian 13, 92
canal canal 85
canard duck 48
canif pocketknife 108
cannelle cinnamon 51
canot à moteur motorboat 91
canotage canoeing 90
caoutchouc rubber 116
capital capital 131
câpre caper 51
car *(autobus)* bus 72

carafe carafe 57
carat carat 105
caravane trailer 32
carburateur carburetor 78
carnet d'adresses address book 118
carotte carrot 50
carré square 101
carrefour intersection 77
carte card 118, 128, 131; *(restaurant)* menu 36, 39, 40
carte de crédit credit card 20, 31, 62, 102, 130
carte d'identité I.D., identity card 26
carte à jouer playing card 118
carte postale postcard 118, 132
carte routière (road) map 76, 117
carte des vins wine list 57
cartes, jeu de card game 128
carton cardboard 109
cartouche cartridge 118; *(cigarettes)* carton (of cigarettes) 17, 107
casquette cap 115
cassé broken 29, 104, 120, 139, 140
casserole saucepan 108
cassette cassette, tape 127; *(film)* cartridge 125
cassis blackcurrant 53
catalogue catalog 82
cathédrale cathedral 81
catholique catholic 84
caution deposit 20
ce this 161
ceci this 11, 161
céder le passage to yield 79
ceinture belt 115
ceinture de sauvetage life belt 74
ceinture de sécurité seat belt 75
cela that 11, 161
céleri celery 50
célibataire single 93
cendrier ashtray 27, 36
cent one hundred 148
centimètre centimeter 157
centre des achats shopping area 81
centre des affaires business district 81
centre commercial shopping center, shopping mall 81, 98
centre-ville downtown (area) 19, 81; center of town 21
céramique ceramics 83
céréales cereal 38
cerise cherry 53
certificat certificate 144
chaîne chain 105
chaise chair 108
chaise longue deck chair 91, 108
chaise pliante folding chair 108
chaleur heat 94
chambre room 19, 23, 25, 26, 28
chambre à deux lits double room 19, 23
chambre à un lit single room 19, 23
champ field 85
champ de course race track 90
champignon mushroom 41, 50, 52, 63
chance luck 151
change change 129
change, bureau de currency exchange office 18, 129
changer to change 18, 65, 68, 69, 75, 120, 130; *(bus, métro)* to transfer 72, 73
chanson song 127
chanter to sing 87
chapeau hat 115
chapelet rosary 105
chapelle chapel 81
chaque each 143, 149
charbon de bois charcoal briquets 108
charcuterie cold cuts 41, 64; *(magasin)* butcher shop 98
chariot à bagages luggage cart 18, 71
chasse hunting 90
chasser to hunt 90
chasseur *(hôtel)* bellman 27
chat cat 139
châtaigne chestnut 53
chaud hot 14, 25, 28, 38, 94, 155
chauffage heating 28
chauffer to heat 90
chaussettes pair of socks 114; *(mi-bas)* knee socks 114
chaussure shoe 116
chaussure de gymnastique athletic shoe 116
chaussure de marche walking shoe 116
chaussure de montagne hiking boot 116
chaussure de tennis tennis shoe 116
chef d'orchestre conductor 87
chemin way 13, 76; path 85
chemin de fer railroad 66, 154
chemise shirt 114

chemise de nuit *(courte)* nightshirt 114; *(longue)* nightgown 114
chemisier shirt 114
chèque check 130
chèque à ordre personal check 130
chèque de voyage travelers check 18, 62, 102, 130
cher expensive 14, 19, 100
chercher to look for 13, 100
chevalière signet ring 105
cheveu hair 30, 124
cheville ankle 139
chevreuil *(cuisine)* venison 48
chez at 15
chien dog 139, 155
chiffon chiffon 112
chiffre number 147
Chine China 146
chirurgien surgeon 144
chocolat chocolate 38, 55, 64, 119
choix choice 40
chou cabbage 50
chou-fleur cauliflower 50
choux de Bruxelles Brussels sprouts 50
chrome chrome 106
chronomètre stopwatch 106
chute fall 139
chute d'eau waterfall 85
ciboulette chives 51
ciel sky 94
cigare cigar 107
cigarette cigarette 107
cimetière cemetery 81
cinéma movie theater, movies 86, 96
cinq five 147
cinquante fifty 147
cinquième fifth 148
cintre hanger 27
cire wax 123
ciseaux pair of scissors 108
ciseaux à ongles nail scissors 123
citron lemon 38, 53, 60, 64
citron vert lime 53
clair light 111, 112
classe class 65
classe affaire *(avion)* business class 65
classe touriste *(avion)* coach class 65
classique classical 128
clé key 26, 156
clé anglaise spanner 78
client(èle) customer 103
climatisation air conditioning 23, 28
clou nail 108
cœur heart 46, 138
coffre-fort safety deposit box 26
coffret à bijoux jewel box 105
cognac cognac 59
coiffeur hairdresser 30, 99
coin corner 36
coincé stuck 29
col collar 115
col roulé turtleneck 114
collants panty hose 114
colle glue 118
collier necklace 106
colline hill 85
colonne vertébrale spine 138
combien how much 11, 101; *(pl.)* how many 11
combien de temps how long 11
comédie comedy 86
comédie musicale musical 86
commande order 40
commander to order 36, 61, 102, 103
comment how 11
commission commission 130
communication *(tél.)* (phone) call 134, 135, 136
communication en P.C.V. collect call 134
compagnie d'assurance insurance company 79
compartiment *(train)* room 71
complet sold out 88
complet *(costume)* suit 114
comprendre to understand 12, 16, 101, 135
comprimé tablet 143
compris included 20, 24, 80
compte account 130
concert concert 86, 87
concert, salle de concert hall 82
concombre cucumber 42, 48, 64
conduire *(un véhicule)* to drive 21; *(à)* to take to 21, 67
confirmation confirmation 23
confirmer to confirm 65
confiserie pastry shop 98
confiture jelly 38, 119
congé, jour de day off 151
congrès, maison des congress hall, conference center 81
connaissance, sans unconscious 139
connaître to know 111

conseiller *(recommander)* to recommend 35, 36, 80
consigne à bagages checkroom 68
consigne automatique baggage locker 18, 68
constipé constipated 140
consulat consulate 156
consultation *(médecin)* office hour 137
contagieux contagious 142
contenir to contain 37
continuer to go ahead 77
contraceptif contraceptive 122
contraire opposite 14
contrat contract 131
contrôle control 16
contrôler to check 75
contusion bruise 140
conversion, tables de conversion tables 157, 158
copie copy 131; *(photo)* reprint 126
coquillage shellfish 44
coquille Saint-Jacques scallop 45
cor *(au pied)* corn 122
corail coral 106
cornet bag 119
corde rope 108
cordonnier shoe repair shop 99
cornichon pickled gherkin 64
corps body 124, 138
correspondance *(transports)* connection 19, 65, 68
costume suit 114
costume de bain swimsuit 114
côte rib 138
côté side 30
côté, à next to 15, 77
côtelette chop 46; cutlet 46
coton cotton 112, 113; *(hydrophile)* absorbent cotton 122; *(à démaquiller)* cosmetic pad 123
cou neck 138
couche-culotte disposable diaper 124
coude elbow 138
coudre to sew 29; to stitch 29, 116
couler *(robinet)* to drip 28
couleur color 101, 111, 112, 126
coup de soleil sunburn 121, 141
coupe *(cheveux)* haircut 30
coupe-ongles nail clippers 123
couper to cut 135, 139
coupure cut 139
courant current 91; *(voltage)* voltage 26, 104
courge pumpkin 43; squash 50
courgette zucchini 41, 50
courrier mail 28, 133
cours *(change)* exchange rate 18, 130
course d'automobiles car racing 89
course de chevaux horse racing 89
course cycliste cycle racing 89
court short 30, 101, 113, 114
court de tennis tennis court 90
cousin(e) cousin 93
couteau knife 36, 61, 109
coûter to cost 11, 80
couturière dressmaker 99
couvent convent 81
couverts flatware 105, 109
couverture blanket 27
couverture chauffante electric blanket 27
crabe crab 41, 44
craie chalk 118
crampe cramp 141
cravate tie 115
crayon pencil 118
crayon de couleur crayon 118
crayon à sourcils eyebrow pencil 123
crayon pour les yeux eyeliner 123
crédit credit 130, 131
crème cream 38, 60, 64
crème à chaussures shoe polish 116
crème démaquillante cleansing cream 123
crème hydratante moisturizing cream 123
crème de jour day cream 123
crème pour les mains hand cream 123
crème de nuit night cream
crème pour les pieds foot cream 123
crème à raser shaving cream 123
crème solaire suntan cream 123
crêpe pancake 38; *(tissu)* crepe 112
crevette shrimp 41, 45
cric jack 78
crise cardiaque heart attack 141
cristal crystal 106
croire *(penser)* to think 31, 62, 102
croisière cruise 74
croix cross 106
croquette de viande meatball 41, 46
cru raw 45; rare 61
cuillère spoon 37, 61, 109
cuillère à thé/café teaspoon 109, 143
cuir leather 112, 116
cuisine *(art culinaire)* cuisine, cooking 35

cuisse thigh 138
cuit à la vapeur steamed 45, 47
cuit au four *(rôti)* baked 45, 47
cuivre copper 106
culotte pair of panties 114
culte service 84
cumin caraway 51
cure-pipe pipe cleaner 107
cyclisme bicycling 90
cystite cystitis 142

D
daim suede 112, 116
dame lady 155
danger danger 155, 156
danger, sans safe 91
dangereux dangerous 91
dans in 15
danser to dance 87, 88, 96
date date 25, 150
datte date 53
de from 15; of 15
début beginning 150
débuter to start 86
décaféiné decaffeinated 38, 60
décembre December 150
décennie decade 149
déchiré torn 140
décision decision 25, 101
déclaration *(douane)* customs declaration form 132
déclarer *(douane)* to declare 17; *(à la police)* to report 156
décoloration bleach 30
dedans inside 14
dehors outside 14, 36
déjà already 15
déjeuner lunch 26, 80, 94
demain tomorrow 29, 137, 151
demander to ask 36, 76, 136; to ask for 61
démarrer to start 78
demi half 80, 119, 148
demi-heure half an hour 153
demi-pension half board 24
demi-tarif half price 69
dent tooth 145
dentelle lace 112
dentier denture 145
dentifrice toothpaste 123
dentiste dentist 145
déodorant deodorant 123
dépanneuse tow truck 78
départ departure 65, 70; checking out 31
dépêcher, se to hurry (up), to be quick 156
dépenser to spend 101
dépilatoire hair remover lotion/wax 123
déposer to leave 26
dépôt *(banque)* deposit 130
depuis since 15, 150
déranger to disturb 155
dernier last 68, 73, 150
derrière behind 15, 77; at the back 30
descendre *(d'un véhicule)* to get off 73
déshabiller, se to undress 142
désinfectant disinfectant 122
désirer to like 103
désolé(e)! sorry! 10, 88, 103
dessert dessert 37, 54
dessous under 15
dessus over 15; *(en dessus)* on the top 30
deux two 147
deux fois twice 148
deuxième second 148
devant in front of 15
développement *(photo)* processing, developing 125
développer to develop 125
déviation detour 79
devis estimate (of the cost) 79, 131
devoir must 31; *(être redevable)* to owe 144
diabétique diabetic 37, 141
diamant diamond 106
diapositive slide 125
diarrhée diarrhea 140
dictionnaire (de poche) (pocket) dictionary 12, 117
diesel diesel 75
difficile difficult 14, 117
difficulté difficulty 28
digital digital 106
dimanche Sunday 82, 150
dinde turkey 47
dîner dinner 34, 94; supper 34
dire to say 12; to tell 13, 73, 76, 136
direct direct 65; *(train)* through train 69
directeur manager 27, 61
direction *(orientation)* direction 76; *(voiture)* steering 78

discothèque discotheque 88, 96
disquaire record shop 98
disque record 127, 128
disque compact (CD) compact disc, CD 127, 128
dissolvant nail polish remover 123
divers miscellaneous 127
dix ten 147
dix-huit eighteen 147
dixième tenth 148
dix-neuf nineteen 147
dix-sept seventeen 147
dock dock 81
docteur doctor 137, 144
doigt finger 138
dollar dollar 18, 129, 130
donner to give 13, 107, 120
dormir to sleep 144
dos back 138
douane customs 17
douche shower 23, 28, 32
douleur pain 140, 141, 143, 144
doux *(sucré)* sweet 61
douzaine dozen 148
douze twelve 147
droguerie drugstore, pharmacy 98, 121
droit straight 77
droite, à (on the) right 30, 69, 77
dur hard 38, 120; tough 61
durer *(prendre du temps)* to take 61, 72, 73, 79, 102

E

eau water 28, 38, 59, 60, 75, 91
eau dentifrice mouthwash 123
eau-de-vie brandy 57
eau minérale spring water, mineral water 60, 64
eau potable drinking water 32
échanger to exchange 103
éclair lightning 94
école school 79
économie economy, economics 83
écorchure graze 139
écouter to listen 128
écouteurs headphones 104
écrémé *(pauvre en graisse)* low-fat 37, 60
écrevisse crayfish 43, 44
écrire to write (down) 12, 101, 163
écriteau sign 155
écurie stable 85
édulcorant (artificial) sweetener 38
égaliser *(barbe)* to trim 31
égaré *(perdu)* lost 13, 156
église church 81, 84
élastique rubber band 115
électricien *(magasin)* electric supply shop 98
électricité electricity 32
électrique electric 104; electrical 78
électronique electronic 104, 128
élégant elegant 100
élément réfrigérant cooler ice pack 108
élevé *(haut)* high 141
elle she 161
elles they 161
émail enamel 106
emballer to wrap up 102
embarcadère embarkation (point) 73
embrayage clutch 78
émeraude emerald 106
emplâtre pour cors corn plaster 122
empoisonnement *(intoxication)* poisoning 142
emporter, plat à take-out 34, 63
en in 15
encaisser *(chèque)* to cash 130, 133
enceinte pregnant 141
enchanté(e)! nice to meet you, pleased to meet you 10, 92
encre ink 118
endive chicory 50
endroit place 76
enfant child 24, 36, 82, 93, 139, 150, 159
enflé swollen 139
enflure swelling 139
enlever to take off 142
enregistrement *(bagages)* baggage check-in 65
enregistrement, se présenter à l' to check in 65
enregistrer to check in 25, 71
ensuite then 15
entendre to hear 136
entier whole 143
entre between 15
entrée admission 82; entrance 67, 103, 155; *(menu)* appetizer 41
entrée interdite no entrance, no trespassing 155
enveloppe envelope 27, 118

environ about 79, 153
environs, dans les nearby 32; around here 90
envoyer to send 78, 132, 133; to ship 102
épais thick 112
épaule shoulder 47, 138
épeler to spell 12
épice spice 51
épicé spicy 61
épicerie grocery store 98, 119
épinard spinach 42, 50
épingle pin 115
épingle à cheveux hairpin 124
épingle à cravate tiepin 106
épingle de sûreté safety pin 115
éponge sponge 123
épuisé *(marchandises)* out of stock 103
équipe team 89
équipement equipment 91
équitation horseback riding 90
erreur mistake 31, 61, 62, 102
éruption *(méd.)* rash 139
escale, sans nonstop 65
escalier stairs, staircase 103
escalier roulant escalator 103
escargot snail 41
escompte discount 131
Espagne Spain 146
essayer to try; *(vêtements)* to try on 113
essence gasoline, gas 75, 78; fuel 107
essence sans plomb regular unleaded gas 75
essuie-glace wiper 76
est east 77
estomac stomach 138
estomac, mal à l' stomachache 141
et and 15
étage floor 103
étagère shelf 119
étain pewter 106
étanche water resistant 106
étang pond 85
Etats-Unis United States 146, 147
été summer 149
étendre, s' to lie down 142
éthnologie ethnology 83
étiquette label 118
étoile star 94
étonnant amazing 84
étrange strange 84
étranger foreign 129
étranger, à l' abroad 102, 132
être to be 13, 14, 162
étroit narrow 101, 116; *(habits)* tight 101, 113
étudiant/étudiante student 16, 82, 93
étudier to study 93
étui case 107, 120, 126
étui à cigarettes cigarette case 107
étui à lunettes eye-glass case 120
Europe Europe 146
européen European 107, 111
évanouir, s' to faint 140
exact right 11
excursion excursion 80
excuser to excuse 70
excusez-moi! pardon! 10; excuse me 70
expliquer to explain 12
exposition exhibition 81
exprès express 132
expression expression 100; phrase 12; term 131
extérieur, à l' outside 36

F
fabrique factory 81
face, en opposite 77
facile easy 14
facture invoice 131
faible weak 142
faim, avoir to be hungry 13, 35
faire to make 131; to do 162
faire mal to hurt 139, 140, 145
faisan pheasant 47
fait main handmade 113
fait maison homemade 40
falaise cliff 85
famille family 93, 144
farci stuffed 47, 51
fard à joue blusher 123
fard à paupières eye shadow 123
farine flour 37
fatigué tired 13
faux wrong 14, 77, 135, 136
favoris sideburns 31
félicitation congratulation 151
femme woman 110, 159; *(épouse)* wife 10, 93
femme de chambre maid 27
fenêtre window 28, 36, 69, 70
fenouil fennel 50

fer à repasser (de voyage) (travel) iron 104
ferme farm 85
fermé shut 14; closed 155
fermer to close 11, 70, 82, 98, 132
fermeture éclair zipper 115
ferry ferry 74
feu fire 156; *(circulation)* (traffic) light 77; *(clignotant)* blinker 77
feu stop brake light 78
feutre felt 112
février February 150
fiançailles engagement 105
ficelle string 108, 118
fiche *(électrique)* plug 29; *(d'enregistrement)* registration form 25, 26
fièvre fever 121, 140; temperature 140
figue fig 53
fil thread 27, 115
fil dentaire dental floss 123
filet *(viande)* tenderloin 47
fille daughter 93
fille(tte) girl 110, 128
film film 125, 126; *(cinéma)* movie 86
film couleurs color film 125
film-disque disc film 125
film noir et blanc black and white film 125
fils son 93
filtre filter 107, 126
fin end 150
fin de semaine weekend 151
fines herbes herbs 51; fines herbes 52
fixatif styling lotion 30, 124
flanelle flannel 112
flash flash 126
flet flounder 44
flétan halibut 44
fleur flower 85
fleuriste florist 98
foie liver 46, 48, 138
foire fair 81
fois time 95, 143, 148; *(une fois)* once 148
foncé dark 111, 112
fonctionner to work 28, 104
fond de teint foundation cream 123
fontaine fountain 81
football soccer 89; *(américain)* football 89
forêt wood 85
format size 125
forme shape 101
formulaire form 16, 132
fort strong 107, 143; *(voix)* loud 135
forteresse fort 81
foulard scarf 115
foulé sprained 140
fourchette fork 37, 61, 109
fourreur fur store 98
fourrure fur 114
frais fresh 53, 61
frais expenses 131
fraise strawberry 53, 55
framboise raspberry 53, 55
franc franc 18, 130; *(belge)* Belgian franc 18, 130; *(français)* French franc 18, 130; *(suisse)* Swiss franc 18, 130
français French 12, 16, 18, 80, 82, 117, 137
Français/Française French 13, 92
France France 134, 146
frange bangs 30
frein brake 75, 78
frère brother 93
frisson shiver 140
frit fried 45, 47, 51
frites (French) fries 52, 63; chips 63
froid cold 14, 25, 38, 61, 94, 155
froisser *(muscle)* to pull 140
fromage cheese 38, 52, 63, 64, 119
fruit fruit 53
fruits de mer seafood 44
fumé smoked 41
fume-cigarette cigarette holder 107
fumer to smoke 95, 155
fumeurs, coin smoking area 35, 36
funiculaire funicular 74
furoncle boil 139
fusible fuse 104

G

gaine girdle 114
galerie gallery 81; *(théâtre)* family circle 88
galerie d'art art gallery 81, 99
gant glove 115
garage garage 26; auto repair shop 78
garçon boy 110, 128; *(restaurant)* waiter 36
garde d'enfants babysitter 27
garder to keep 62
gardien de plage lifeguard 91
gare (railroad) station 21, 67
garer *(voiture)* to park 26, 77

gargarisme gargle 122
gastrite gastritis 142
gâteau cake 37, 54; pie 54
gauche left 30, 77
gaz gas 32, 107, 108
gaz butane butane gas 32, 108
gaze *(pansement)* gauze 122
gel frost 94; *(cheveux)* styling gel 30, 124
gencive gum 145
général general 26, 137
généraliste *(médecin)* general practitioner 137
genou knee 138
gens people 92
géologie geology 83
gibier game 48
gigot *(d'agneau)* lamb shanks 46
gilet vest 114; *(en laine)* cardigan sweater 114
gingembre ginger 51, 60
giratoire rotary, circle 79
glace ice 94; *(dessert)* ice cream 55, 64; *(miroir)* mirror 120
glacière ice chest 108
glaçon ice cube 27
glande gland 138
golf golf 90
golf, terrain de golf course 90
gomme eraser 118
gonfleur air pump 108
gorge throat 138
gorge, mal à la sore throat 141
gourde sports canteen 108
goûter to try 54, 57
goutte drop 122
gouttes pour le nez nose drops 122
gouttes pour les oreilles ear drops 122
gouttes pour les yeux eye drops 122
graisse fat 37
graisse, pauvre en low-fat 37
grammaire grammar (book) 117, 159
gramme gram 158
grand big 14, 25, 101; large 101, 111, 116
grand magasin department store 98, 100, 103
grand-mère grandmother 93
grand-père grandfather 93
grand teint colorfast 113
gras oily 30, 123, 124
grêle hail 94
grenat garnet 106
griffer to scratch 139
gril grill 108
grillé grilled, broiled 45, 47; *(sur feu de bois)* barbecued 45, 47; *(ampoule)* burned out 29
grippe flu 142
gris gray 111
groseille à maquereau gooseberry 53
groseille rouge red currant 53
grotte cave 85
groupe group 82
guichet counter 133; *(des billets)* ticket office 67
guide guide 80; *(livre)* guidebook 82, 117
gynécologue gynaecologist 137, 141

H

habillement clothing 110
habits clothes 29, 114
habituel usual 143
hamac hammock 108
hamburger hamburger, burger 49
handicapé disabled 19, 82
hareng herring 41, 44
haricot bean 50; *(vert)* green bean 50
haut high 91, 116
haut, en up 14
haute saison high season 149
haut-parleur speaker 104
hélicoptère helicopter 19, 74
heure hour 77, 80, 90, 153; time 65, 68, 80, 153
heure, à l' on time 68, 153
heures d'ouverture opening hours 82
heures de visite visiting hours 144
heureux happy 152
hier yesterday 151
histoire history 83
histoire naturelle natural history 83
hiver winter 149
homard lobster 41, 44
homéopathique homeopathic 121
homme man 110, 159
honoraires fee 144
hôpital hospital 21, 144
horaire timetable 69
horloge clock 153
horloger *(réparations)* watch repair shop 99
horlogerie watch store 98, 105
horrible horrible 84
hors d'œuvre appetizer 41

hors service out of order 155
hors taxe tax free 17
hôtel hotel 19, 22, 80, 102
hôtel, réservation d' hotel reservation 19
hôtel de ville city hall, town hall 81
huile oil 37, 75
huile solaire sun-tan oil 123
huit eight 147
huitième eighth 149
huître oyster 41, 44
humidité humidity 94
hydroglisseur hydrofoil 74
hypothèque mortgage 131

I

ici here 14
il he 161
ils they 161
il y a there is, there are 14
image picture 117
immédiatement at once 31
imperméable raincoat 114
important important 14
importé imported 113
impôt *(sur le chiffre d'affaires)* sales tax 24
impressionnant impressive 84
inclus included 24
indicatif *(téléphonique)* area code 134
indigestion indigestion 121, 141
indiquer *(montrer)* to show 13
infecté infected 140
infection infection 141, 145
infirmier/infirmière nurse 144
inflammation inflammation 142
inflation inflation 131
infroissable wrinkle-free 113
injection injection 144
insecte insect 122
insectes, protection contre insect repellent 122
insecticide insect killer 108
insolation sunstroke 141
instant moment 12, 136
institut de beauté beauty parlor 30, 99
intéressant interesting 84
intéresser, s' to be interested in 83, 96
intérêt *(banque)* interest 131
international international 133
interne *(tél.)* extension 135
interprète interpreter 131
interrupteur switch 29
intestin bowel 138
intoxication alimentaire food poisoning 142
invitation invitation 94
inviter to invite 94
iode, teinture de iodine 122
irrité *(douloureux)* sore 145
Italie Italy 146
ivoire ivory 106

J

jade jade 106
jamais never 15
jambe leg 138
jambon ham 38, 41, 46, 64, 119
janvier January 150
Japon Japan 146
jardin garden 81, 85
jardin botanique botanical garden 81
jaune yellow 111
jaunisse jaundice 142
je I 161
jeans pair of jeans 114
jeans, toile de denim 112
jetée pier 21
jeton token 72
jeu game 128
jeu de cartes card game 128
jeu de constructions building set 128
jeudi Thursday 151
jeune young 14
joli nice 25; pretty 84
jouer to play 87, 89, 90
jouet toy 128
jour day 16, 20, 32, 150, 151
jour de congé day off 151
jour férié legal holiday 151, 152
journal newspaper 117
journée day 80, 94
jour ouvrable workday 151
joyeux merry 151
juillet July 150
juin June 150
jumelles (pair of) binoculars 120
jupe skirt 114
jupon slip 114
jus juice 37, 38, 60, 64
jus de fruits fruit juice 37, 41, 60, 64
jus d'orange orange juice 60
jus de pomme apple juice 60

jus de tomate tomato juice 60
jusqu'à until 15; to 76
juste right 12, 14

K

kilo(gramme) kilo(gram) 158
kilométrage mileage 20
kilomètre kilometer 158
kiosque à journaux newsstand 68, 98, 117

L

la the 159
là there 14
lac lake 81, 85, 90
lacet shoelace 116
laid ugly 14, 84
laine wool 112, 113
laisser to leave 96, 156
lait milk 38, 60, 64
laitue lettuce 50
lame de rasoir razor blade 123
lampe lamp 28, 108
lampe de chevet reading lamp 27
lampe de poche flashlight 108
lange *(couche-culotte)* disposable diaper 124
langue tongue 47, 138
lanterne lantern 108
lapin rabbit 48
laque *(cheveux)* hair spray 30, 124
laquelle which 11
lard bacon 38, 46
large *(habits)* loose 101; *(chaussures)* wide 116
laurier bay leaf 51
lavabo sink 28
lavage, tunnel de car wash 76
laver to wash 29, 113
laxatif laxative 122
le the 159
lecteur CD CD player 104
les the 159
léger light 14, 100, 107
légume vegetable 50
lent slow 14
lentement slowly 12, 21, 135
lentille *(légume)* lentil 50; *(verre)* lens 120
lequel which 11
lessive, poudre à laundry detergent 108
lettre letter 132
lettre de crédit letter of credit 130
lettre de recommandation introduction 130
lever, se to get up 144
lèvre lip 124, 138
librairie bookstore 98, 117
libre free 71, 80, 82, 95
lièvre hare 48
ligne line 136
lilas *(couleur)* lilac 111
lime *(à ongles)* nail file 123
limonade lemonade 60, 64
lin linen 112
linge towel 27; laundry 29
liqueur liqueur, cordial 59
liquidation liquidation sale 99
liquide solution 120
liquide des freins brake fluid 75
lire to read 40
lit bed 23, 142, 144; *(grand)* king bed, queen bed 23; *(lits jumeaux)* double beds 23
lit de camp camp bed 108
lit d'enfant cot 23
litre liter 119, 158
littérature literature 83
livraison delivery 102
livre book 12, 117; *(poids)* pound 119, 158
livre d'enfants children's book 117
livre de poche paperback 117
livrer to deliver 102
local local 36
location de voitures car rental 20
loge box seat 88
loger to stay 16, 92
loin far 14
long long 61, 101, 113, 114
lotion après-rasage after-shave lotion 123
lotion capillaire hair lotion 31, 124
lotion hydratante *(pour le corps)* body lotion 123
louer to rent 20, 22, 74, 90, 91
louer, à for rent 155
loupe magnifying glass 120
lourd heavy 14
lumière light 28; *(de jour)* daylight 125
lundi Monday 150
lune moon 94
lunettes glasses 120

lunettes d'alpiniste pair of snow goggles 120
lunettes de soleil sunglasses 120
luxé dislocated 140

M
ma my 161
machine à écrire typewriter 27
machine à laver washing machine 113
mâchoire jaw 138
Madame Mrs. 10, 154
Mademoiselle Miss, Ms. 10, 154; *(serveuse)* waitress 36
magasin shop, store 98; *(grand)* department store 98, 100, 103
magasin d'alimentation grocery store 119
magasin de chaussures shoe store 98, 116
magasin diététique health food store 98
magasin de jouets toy store 98, 128
magasin d'occasions thrift shop 98
magasin de photos camera store 98, 125
magasin de souvenirs souvenir shop 98, 127
magasin de sport sporting goods store 98
magasin de vêtements clothing store 99, 110
magasin de vins et spiritueux liquor store, package store 99
magnétophone cassette recorder 104
magnétoscope video recorder 104
magnifique magnificent 84
mai May 150
maillechort nickel silver 105
maillet mallet 108
maillot de bain *(femme)* swimsuit 114; *(homme)* pair of swim trunks 114
maillot de corps undershirt 114
main hand 138
maintenant now 15
mais but 15
maïs corn 50
maison house 81, 83; home 40
Maison Blanche White House 81
maison des congrès conference center, congress hall 81
maison de vacances holiday cottage 22
mal, faire to hurt 139, 140, 145
mal de dents toothache 145
mal au dos backache 141
mal à l'estomac stomachache 141
mal de gorge sore throat 141
mal aux oreilles earache 141
mal de tête headache 121, 141
mal de voyage travel sickness 121
malade sick 140, 156; ill 140
maladie illness 140; disease 142
maladie vénérienne venereal disease 142
manche sleeve 114, 115
mandarine mandarin, tangerine 53
mandat *(postal)* money order 133
manger to eat 36, 144
manifestation sportive sports event 89
manquer to be missing 18, 29, 61
manteau coat 114
manteau de fourrure fur coat 114
manteau de pluie raincoat 114
manucure manicure 30
maquereau mackerel 44
marché market 81, 99
marché aux puces flea market 81
marcher to walk 74, 76
mardi Tuesday 150
marée basse low tide 91
marée haute high tide 91
margarine margarine 64
mari husband 10, 93
marié(e) married 93
mariné marinated 45
maroquinerie leather goods store 99
mars March 150
marron chestnut 50
marteau hammer 108
masque de beauté face pack 30, 123
match game 89
mât de tente tent pole 108
matelas mattress 108
matelas pneumatique air mattress 108
matière material 106
matin morning 143, 151
matinée *(spectacle)* matinée 87
mauvais bad 14, 95, 160
mécanicien mechanic 78
mécontent dissatisfied 103
médecin doctor 79, 137, 144, 156
médecine medicine 83
médical medical 144
médicament drug, medicine, medication 143

meilleur better 25, 160
meilleur, le (the) best 160
meilleur marché less expensive 24, 25, 101
melon melon 53
même same 112, 116
menthe mint 51
menu complete dinner 36
mer sea 85
mercerie dry goods store 99
merci thank you, thanks 10
mercredi Wednesday 150
mère mother 93
mes my 161
message message 28, 136
messe mass 84
mesurer to measure 111
métro subway 72; *(aérien)* EL, elevated railroad 72
metteur en scène director 87
mettre to put 23
Mexique Mexico 146
midi noon 151, 153
miel honey 38
mieux better 25, 101
mile mile 20, 79, 158
milieu middle 30, 88
mille (one) thousand 148
milliard billion 148
million million 148
mince thin 112
minuit midnight 151, 153
minute minute 21, 69, 153
miroir mirror 113
mobilhome camper 32
mobilier furniture 83
mode fashion 83
moderne modern 100
moins less 14
moins, au at least 24
mois month 16, 150
moitié half 148
moment moment 136
mon my 161
monastère monastery 81
monnaie currency 129; *(petite)* small change 77, 130
Monsieur Mr. 10, 154
montagne mountain 85
montant amount 62
montre watch 106
montre-bracelet wristwatch 106
montrer to show 13, 76, 100, 101; to point to 12
monture *(lunettes)* frame 120
monument monument 81; *(commémoratif)* memorial 81
morceau piece 119
mordre to bite 139
morsure bite 139
mort death 155
mortadelle bologna 64
mosquée mosque 84
mot word 12, 15, 133
motel motel 22
moteur engine 78
motocyclette motorcycle 74
mouchoir handkerchief 115
mouchoir en papier facial tissue 123
moule mussel 44
mousseux *(vin)* sparkling 57
moustache moustache 31
moustiquaire mosquito net 108
moutarde mustard 37, 64
mouton mutton 46
moyen *(taille)* medium 111; midsize 20
mûre blackberry, mulberry 53
muscle muscle 138, 140
musée museum 81
musique music 83, 128
musique de chambre chamber music 128
musique classique classical music 128
musique folklorique folk, country music 128
musique légère light music 128
myope nearsighted 120
myrtille blueberry 53

N

nacre mother-of-pearl 106
nager to swim 91
natation swimming 90
nationalité nationality 25
nausée nausea 121; *(avoir la)* to feel nauseous 140
navet turnip 50
ne ... plus no more 15
né(e) born 149
neige snow 94
neiger to snow 94
nerf nerve 138
nettoyer to clean 29, 76
neuf nine 147
neuvième ninth 148

neveu nephew 93
nez nose 138
nez, gouttes pour le nose drops 122
nièce niece 93
Noël Christmas 151, 152
nœud papillon bow tie 115
noir black 38, 111, 125
noir et blanc *(photo)* black and white 125
noix nut 53
noix de coco coconut 53
nom name 25, 79, 136
non no 10
non-fumeurs no-smoking 35, 36
nord north 77
normal normal 30, 123, 124
nos our 161
note bill 31
notre our 161
nouille noodle 52
nourriture (pour bébé) (baby) food 124
nous we 161
nouveau new 14
Nouvel An New Year 151, 152
novembre November 150
nuage cloud 94
nuancier color chart 30
nuit night 10, 19, 24, 151
numéro number 26, 134, 135, 136
numéro de chambre room number 26
numéro du passeport passport number 25
numéro de téléphone (tele)phone number 134
numéro de vol flight number 65
nuque neck 30

O

objectif *(photo)* lens 126
objets trouvés, bureau des lost and found office 19, 68, 99, 156
obtenir to get 11, 86, 121
occasion, d' secondhand 117
occupé occupied 14, 70, 155; *(tél.)* busy 136
occupé, être to be busy 96
octobre October 150
œil eye 138, 139
œuf egg 38, 41, 64
œuf à la coque boiled egg 38
œuf au plat fried egg 38
œufs brouillés scrambled eggs 38
office du tourisme tourist office 80
oie goose 48
oignon onion 41, 50, 52
oiseau bird 85
olive olive 41, 64
omelette omelet 52
once ounce 119, 158
oncle uncle 93
ongle fingernail 123
ongles, vernis à nail polish 124
onyx onyx 106
onze eleven 147
opéra opera 87
Opéra opera house 81, 87
opération operation 144
opérette operetta 87
opticien optician 99, 120
or gold 105, 106; *(couleur)* golden 111
orage thunderstorm 94
orange orange 38, 53, 64; *(couleur)* orange 111
orangeade orange soda 60
orchestre orchestra 87
ordonnance prescription 143
oreille ear 138
oreiller pillow 27
organes génitaux genitals 138
original original 100
ornithologie ornithology 84
orteil toe 138
os bone 138
ou or 15
où where 11
oublier to forget 61
ouest west 77
oui yes 10
outil tool 78
ouvert open 14, 82, 155
ouvre-boîtes can opener 108
ouvre-bouteilles bottle opener 108
ouvrir to open 11, 17, 70, 98, 132
ovale oval 101

P

paiement payment 131
paille *(pour boire)* straw 37
pain bread 37, 38, 64, 119; *(petit)* roll 38, 64
paire pair 114, 116
palais de justice court house 81
palmes *(nageur)* pair of flippers 128
palourde clam 44

palpitations palpitations 141
pamplemousse grapefruit 53, 60
panier basket 108
panier à pique-nique picnic basket 108
panne *(voiture)* breakdown 78
panneau sign 77, 79
panneau routier road sign 79
pansement bandage 122
pantalon (pair of) pants 114
pantoufle slipper 116
papeterie stationery (store) 99, 117, 118
papier paper 118
papier aluminium aluminum foil 108
papier buvard blotting paper 118
papier carbone carbon paper 118
papier à dessin drawing paper 118
papier d'emballage (cadeau) (gift) wrapping paper 118
papier hygiénique bathroom tissue 124
papier à lettres writing paper 27, 118
papier-ménage paper towels 119
Pâques Easter 152
paquet pack 107; package 119; *(postal)* parcel 132, 133
parapluie umbrella 115
parasol sunshade 91
parc park 81
parcomètre parking meter 77
pardon *(excusez-moi)* sorry 10; excuse me 70
pardon? pardon? 10, 12
pare-brise windshield 76
parents parents 93
parfum perfume 124
parfumerie perfume shop 99
parking parking lot 77; *(garage)* parking garage 77
Parlement statehouse 81
parler to speak 12, 16, 135, 137
parterre *(théâtre)* orchestra 88
partie part 138
partir to leave 31, 68, 80, 95, 151
pas ... encore not ... yet 15
passage piétons pedestrian crossing 79
passeport passport 16, 17, 26
pastèque watermelon 53
pasteur minister 84
pastille pour la gorge throat lozenge 122
pâtes pasta 52
patient(e) patient 144
patin à glace ice skate 91
patin à roulettes roller skate 128
patinage ice skating 90
patinoire skating rink 91
pâtisserie *(magasin)* pastry shop 99
payer to pay 31, 62, 102, 136
pays country 25, 92
paysage scenery 93
péage toll 75, 79
peau skin 138
pêche fishing 90; *(fruit)* peach 53, 119
pêcher to fish 90
pédiatre pediatrician 137
peigne comb 124
peignoir robe 114; *(de bain)* bathrobe 114
peindre to paint 83
peintre painter 83
peinture paint 155; *(tableau)* painting 84
pellicule, rouleau de roll film 125
pellicules *(cheveux)* dandruff 124
pendant during 15, 149; for 143
pendentif *(bijou)* pendant 106
pendule (wall) clock 106
pénicilline penicillin 143
penser to think 92
pension (de famille) guest house 22
pension complète full board 24
pension, demi- half board 24
perche *(poisson)* bass, perch 44
perdre to loose 120, 145, 156
perdu lost 13, 156
père father 93
perle pearl 106; *(collier de)* pearl strand 105
permanente perm 30
permis license 26; permit 90
permis de conduire driver's license 26
permis de pêche fishing permit 90
persil parsley 51
persistant constant 140
personne person 32; *(ne ... personne)* nobody 15
personnel personal 17
personnel *(hôtelier)* hotel personnel 27
perte loss 131
petit small 14, 25, 101, 111, 116
petit déjeuner breakfast 24, 26, 37, 38
petit pain roll 38, 64
petit pois pea 50
pétrole kerosene 109

peu (de) few 14
peu, un (a) little 14, 160
peut-être perhaps 15
phare *(voiture)* headlight 78
pharmacie drugstore, pharmacy 99, 121
photo photo 125
photocopie photocopy 131
photocopieuse copier 117
photo d'identité passport photo 125
photographe photographer 99
photographier to take pictures 82
photos, appareil de camera 82, 125
phrase sentence 12
pièce *(théâtre)* play 86
pied foot 138; *(à pied)* on foot 67
pierre stone 91
pierre précieuse gem 106
piéton pedestrian 79
pile battery 104, 126
pilule pill 141
pince à cravate tie tac, tie clip 106
pince à cheveux bobby pin 124
pince à épiler pair of tweezers 124
pince à linge clothes pin 109
pintade guinea hen 48
pipe pipe 107
pique-nique picnic 63, 109
piquer to sting 139
piquet de tente tent peg 109
piqûre injection 142, 143, 144
piqûre d'insecte insect bite 121; sting 139
pire worse 160
piscine swimming pool 32, 90
place room 32; *(siège)* seat 69, 70, 87, 88; *(publique)* square, plaza 81
place de jeux playground 32
place, à la instead of 37
placement investment 131
plage beach 91, 128
plaire, se to like 25, 92, 93
plan de ville street map 19, 117
planche à roulettes skateboard 128
planche à voile sailboard 91
planétarium planetarium 81
plantation plantation 85
plante plant 85
plaque *(chocolat)* bar 119
plaqué or gold plated 106
plastique plastic 109
plat flat 78, 116
plat *(mets)* dish 36
plat du jour today's special 35, 40
platine platinum 106
plâtre *(médical)* cast 140
plein full 14
plein air outdoor 90
plein, faire le *(d'essence)* to fill up 75
pleuvoir to rain 94
plie plaice 44
plomb lead 75
plomb, sans unleaded 75
plombage filling 145
pluie rain 94
pluie, manteau de raincoat 114
plume (réservoir) (fountain) pen 118
plus more 14, 160
pneu tire 75, 76
pneu plat flat tire 78
pneumonie pneumonia 142
poche pocket 115
poché poached 45
poêle à frire frying pan, skillet 109
poids weight 158
poignet wrist 138
poil de chameau camel hair 112
point point 148
point, à *(viande)* medium 47
pointure size 116
poire pear 53
poireau leeks 50
poison poison 122, 156
poisson fish 44
poissonnerie fish shop 99
poitrine chest, breast 138, 141
poivre pepper 37, 38, 51, 64
poivron (sweet) pepper 50
police police 79, 99, 156
politique politics 84
pommade ointment 122
pommade antiseptique antiseptic cream 122
pommade pour les lèvres lip balm 124
pomme apple 53, 64, 119
pomme de terre potato 50, 52
pommes chips potato chips 52, 63
pommes frites (French) fries 52, 63
pont bridge 85; *(bateau)* deck 74
porc *(viande)* pork 46
port harbor 74, 81; port 74; *(postal)* postage 132
porte door 28; *(aéroport)* gate 65
portefeuille wallet 115, 156
porte-monnaie purse 115
porter to carry 21; *(à)* to take to 18
porteur porter 18, 71
portier bell captain 27

portion portion 54, 61
pose *(photos)* exposure 126
possible possible 29, 137
poste, bureau de post office 99, 132
poste de police police station 99, 156
poste restante general delivery 133
poster to mail 28
pot jar 119
pot d'échappement muffler 78
poterie pottery 84
poudre powder 124; *(pour le visage)* face powder 124
poulet chicken 48
poulpe squid 45
pouls pulse 142
poumon lung 138
poupée doll 128
pour for 15
pourcent per cent 148
pourcentage percentage 131
pourquoi why 11
pousser to push 155
pouvoir *(être capable)* can 13, 35, 100, 103
pré meadow 85
préférer to prefer 101, 137
prélèvement *(méd.)* specimen 142
premier first 68, 73, 77, 148
premiers secours, trousse de first-aid kit 109
prendre to take 18, 25, 73, 101, 143; *(venir prendre)* to pick up 80, 96
prénom first name 25
préparer to prepare 28; to have ready 31
près near 14
presbyte longsighted 120
prescrire to prescribe 143
présentation introduction 92
présenter to introduce 92
préservatif condom 122
pressé, être to be in a hurry 21
pression pressure 75
prêt ready 29, 120, 126, 145
prêter to lend 78
prêtre priest 84
prévisions du temps (weather) forecast 94
primeur vegetable store 99
printemps spring 149
prise *(fiche femelle)* outlet 29; *(fiche mâle)* plug 29, 104
prise de raccordement adapter 104
privé private 91, 155
prix price 20, 80; *(tarif)* charge 18, 20; rate 32
prochain next 65, 68, 73, 149, 151
proche, le plus nearest 79, 98, 129
procurer to get 89; to provide 131
produit à vaisselle dish detergent 109
profond deep 91
programme program 88
programme des manifestations calendar of events 86
projecteur (pour dias) (slide) projector 126
promenade walk 96; *(voyage)* tour 74; *(en voiture)* drive 96
prononciation pronunciation 6, 12
propre clean 61
prospectus catalog 125
protestant protestant 84
provisoirement temporarily 145
prudence caution 155, 156
prudent careful 160
prune plum 52
pruneau prune 52
pull(over) sweater 114
punaise thumbtack 118
pur pure 113
puzzle jigsaw puzzle 128
pyjama pair of pajamas 114

Q

quai wharf 81; *(gare)* track 67, 68, 69; platform 70
quand when 11
quantité quantity 14
quarante forty 147
quart quarter 148
quart d'heure fifteen minutes 153
quartier commerçant shopping area 100
quartz quartz 106
quatorze fourteen 147
quatre four 147
quatre-vingt-dix ninety 147
quatre-vingts eighty 147
quatrième fourth 148
que *(comparaison)* than 14
quel(le) which 11
quelqu'un somebody, anyone 12, 15
quelque chose something 29
quelque part somewhere 88
quelques a few 14; some 159
question question 11

qui who 11
quincaillerie hardware shop 99
quinze fifteen 147
quittance receipt 102, 103, 144
quoi what 11

R

rabais rebate 131
rabbin rabbi 84
raccommoder to mend 29
raccompagner to take home 96
radiateur *(voiture)* radiator 78
radio radio 23, 28, 104
radiographie X-ray 140
radio-réveil clock radio 104
radis radish 50
raie *(cheveux)* part 30
raifort horseradish 51
raisin grape 53, 64
raisin sec raisin 53
rallonge *(électrique)* extension cord 104
randonnée, faire une to hike 74, 90
rapide fast 14; quick 161
raquette *(tennis)* (tennis) racket 90
raser to shave 31
rasoir razor 124; *(électrique)* shaver 26, 104
rayon *(magasin)* department 103
réception reception 23; *(soirée)* party 95
réceptionniste receptionist 27
recharge refill 118
réchaud à gaz propane stove 109
réclamation complaint 61
recommandé *(courrier)* registered mail 132
recommander to recommend 35, 86, 88, 137
recoudre to sew on 29
rectangulaire rectangular 101
réduction *(prix)* discount 24, 82
réfrigérateur refrigerator 23
regarder to look (around) 100
régime diet 37
région region 69
règle ruler 118
règles period 141
rein kidney 138
religion religion 84
remboursement refund 103
remède remedy 121
remplir *(fiche)* to fill in 26, 144
rencontrer to meet 96
rendez-vous appointment 131, 137, 145; date 95
rendez-vous, prendre to make an appointment 30, 145
rendre to return 103
rendre à, se to get to 11, 76
rendre visite to visit 95
renseignement information 19, 67
renseignements, bureau des information office 67
réparation repair 116, 126
réparer to repair 29, 79, 104, 116, 126
repas meal 24, 62, 143; *(léger)* snack 63; *(à emporter)* take-out 63
repasser to iron 29
répéter to repeat 12, 92
répondre to answer 136
réponse answer 136
représentation *(théâtre)* performance 86
réservation reservation 19, 23, 69
réservation d'hôtel hotel reservation 19, 68
réservations, guichet des reservations office 68
réservé reserved 155
réserver to reserve 19, 23, 36, 69, 86, 87
respirer to breathe 141, 142
restaurant restaurant 32, 33, 34, 35
rester to stay 16, 24, 26, 142
retard delay 69
retard, être en to be late 13
retirer to withdraw 130
retoucher *(vêtements)* to alter 113
retour, de back 80, 136
retourner to go back 77
retrait *(argent)* withdrawal 130
retraité(e) senior citizen 82
rétrécir to shrink 113
réveil alarm clock 106
réveiller to wake (up) 26, 71
revoir, au goodbye 10
revue magazine 117
rhubarbe rhubarb 53
rhum rum 59
rhumatisme rheumatism 141
rhume cold 121, 141
rhume des foins hay fever 121
rideau curtain 29
rien nothing 15
rire to laugh 95

ris de veau sweetbreads 47
rivière river 74, 85, 90
riz rice 52
robe dress 114; *(du soir)* evening dress 114
robinet faucet 28
rognon kidney 46
roman novel 117
roman policier crime thriller 117
romantique romantic 84
romarin rosemary 51
rond round 101
rosbif roast beef 47
rose *(couleur)* pink 111
rosé *(vin)* rosé 57
rôti roast 47; *(braisé)* pot roast 47
roue wheel 78
roue de secours spare tire 76
rouge red 57, 111
rouge à lèvres lipstick 124
rouget (red) mullet 44
rouleau roll 119
rouleau de pellicule roll film 125
rouler to drive 21
route road 76, 77, 154
route touristique scenic route 85
ruban adhésif adhesive tape 118
ruban de machine à écrire typewriter ribbon 118
rubis ruby 106
rue street 25, 154; road 154
ruisseau brook 85

S

sable sand 91
sac bag 17, 18, 102, 109
sac de couchage sleeping bag 109
sac à dos backpack 109
sac à main handbag 115, 156
sac en plastique plastic bag 109
sac poubelle garbage bag 109
saignant *(viande)* rare 47
saignement de nez nosebleed 141
saigner to bleed 139, 145
saison season 40, 149; *(basse)* low season 149; *(haute)* high season 149
salade salad 42, 64
salade de fruits fruit salad 53
salé salty 61
salle d'attente waiting room 67
salle de bain bath(room) 27
salle de concert concert hall 87
salle à manger dining room 27
salon-lavoir self-service laundry 99
salutation greeting 10, 151; regard 152
samedi Saturday 150
sandale sandal 116
sandwich sandwich 34, 49
sang blood 142
sans without 15
sans plomb unleaded 75
santé health 144
santé! cheers/bottoms up! 59
saphir sapphire 106
sardine sardine 41, 44; *(tente)* tent peg 109
satin satin 112
sauce sauce 51
sauce à salade (salad) dressing 42
saucisse sausage 47, 64; *(chaude)* hot dog 63; *(francfort)* frank 63
sauf *(excepté)* except 15
sauge sage 51
saumon salmon 41, 44
saumon fumé smoked salmon 41
sauvetage, bateau de lifeboat 74
sauvetage, ceinture de life belt 74
sauvetage, gilet de buoyancy vest 74
savoir to know 24
savon soap 27, 124
scooter motor scooter 74
sculpteur sculptor 83
sculpture sculpture 84
seau bucket 109
sec dry 30, 57, 123, 124; *(boisson)* straight 59
sèche-cheveux hair dryer 104
sécheresse drought 94
seconde second 153
secours, au help! 156
secrétaire secretary 27, 131
section department 84
sein breast 138
seize sixteen 147
séjour stay 31; visit 92
sel salt 37, 38, 64
selles *(méd.)* stools 142
sels de bain bath salts 124
semaine week 16, 20, 24, 80, 143, 151
semelle sole 116
sens unique one-way street 79
sentier footway 85
sentir, se to feel 140, 142
séparément separately 62
sept seven 147
septembre September 150

septième seventh 148
serveur waiter 27, 36
serveuse waitress 27, 36
service service 100
service d'étage room service 23
service religieux (religious) service 84
serviette napkin 37; *(en papier)* paper napkin 109
serviette de bain bath towel 27
serviette hygiénique sanitary napkin 122
servir to serve 26
seulement only 15
shampooing shampoo 30, 124
shampooing colorant color rinse 30; color shampoo 124
shampooing et mise en plis wash and set 30
shampooing sec dry shampoo 124
shorts pair of shorts 115
si whether, if 12
siècle century 149
signature signature 25
signer to sign 26
signifier to mean 12
s'il vous plaît please 10
simple simple 125
sinistre sinister 84
sirop (contre la toux) (cough) syrup 122
sirop d'érable maple syrup 38, 127
six six 147
sixième sixth 148
ski ski 91
ski nautique water ski 91
skier to ski 91
slip *(dames)* pair of briefs 114; *(messieurs)* pair of underpants, briefs 115
société society 154
sœur sister 93
soie silk 112
soif, avoir to be thirsty 13, 35
soir evening 10, 95, 151
soir, ce tonight 86, 96
soixante sixty 147
soixante-dix seventy 147
soldes sale, clearance 99, 155
sole sole 45
soleil sun 94
solide sturdy 100
soliste soloist 87
sombre dark 25
somme amount 131
somnifère sleep aid, sleeping pill 122, 143
sonner to ring 155
sonnette bell 144
sorte kind 44; sort 119
sortie exit 67, 103, 155
sortie de secours emergency exit 27, 103, 155
sortir to go out 96
souhaiter to wish 151
soulier shoe 116
soupe soup 43
source spring 85
sous under 15
sous-tasse saucer 109
sous-vêtements underwear 115
soutien-gorge bra 115
souvenir souvenir 127
souvent often, frequently 140
sparadrap Band-Aid® 122
spécial special 20, 37, 65
spécialiste specialist 142
spécialité specialty 45
spectacle show 86, 88
spectacle son et lumière sound-and-light show 87
splendide superb 84
sport sport 89
sport d'hiver winter sport 91
stade stadium 82
stagiaire trainee 16
station station 67
station-service gas station 75, 99
stationnement parking 77
statue statue 82
steak steak 46
stock stock 103
store blind 29
studio T.V. television studio 82
stylo pen 118
stylo à bille ball-point pen 118
stylo feutre felt pen 118
stylo-mine automatic pencil 118
sucette *(tétine)* pacifier 124
sucre sugar 37, 38, 64
sucré sweet 61
sud south 77
Suisse Switzerland 92, 134, 146
suisse Swiss 18, 92, 117, 130
suivre to follow 77
supermarché supermarket 99
supplémentaire extra 23, 27
suppositoire suppository 122
sur on 15

sûr sure 12
surf surfing 90; (*planche à voile)* windsurfing 90
survêtement *(sport)* sweat suit 115
synagogue synagogue 84
synthétique synthetic 113
système system 78

T

ta your 161
tabac tobacco 107
tabac pour pipe pipe tobacco 107
table table 36, 109
table de conversion conversion table 157, 158
table pliante folding table 109
tableau picture 83
tablier apron 115
tache stain 29
taille size 110, 111
taille-crayon pencil sharpener 118
tailleur tailor 99; *(costume)* suit 115
talon heel 116
tampon hygiénique tampon 122
tante aunt 93
tard late 14, 153
tarif charge 20, 90; fare 65, 68; rate 20, 32
tarte pie 54, 55, 63
tarte aux pommes apple pie 54, 63
tartelette tart 55
tasse cup 37, 109; *(grande)* mug 109
taux rate 131
taux d'inflation rate of inflation 131
taxe tax 17, 102; charge 136; *(sur le chiffre d'affaires)* sales tax 62
taxi taxi 18, 19, 21, 31, 67; cab 21
taxi, station de taxi stand 19
teinté tinted 120
teinture (de cheveux) (hair) dye 30, 124
teinture d'iode iodine 122
teinturerie dry cleaner 29, 99
téléfax fax 117, 133
télégramme telegram, cablegram 133
télémètre rangefinder 126
téléobjectif telephoto lens 126
téléphone (tele)phone 28, 132, 134
téléphoner to make a phone call 78, 134
téléphoniste (switchboard) operator 27, 134
téléviseur (portable) (portable) TV 104
télévision television, TV 23, 28
télex telex 133
température temperature 142
tempête storm 94
temps time 68, 80; *(météo)* weather 94
tenailles pair of tongs 109
tendon tendon 138
tennis tennis 89, 90
tension *(méd.)* blood pressure 141, 142
tente tent 32, 108, 109
tenue de soirée evening dress 88
terminus terminal 73
terrain de camping campsite 32
terrain de golf golf course 90
terrasse terrace 36
tes your 161
tétanos tetanus 140
tête head 138, 139
tête, mal de headache 121, 141
tétine *(sucette)* pacifier 124
thé tea 38, 60, 64, 119
thé froid iced tea 60
thé, sachet de tea bag 64
théâtre theater 82, 86
thermomètre thermometer 122, 144
thermos vacuum bottle 109
thon tuna 41, 45
thym thyme 51
tiers third 148
timbre(-poste) (postage) stamp 28, 132, 133
tire-bouchon corkscrew 109
tirer to pull 155
tissu fabric 112, 113; material 112
tissu éponge terry cloth 112
toast toast 38
toile canvas 116
toilettes toilet 23; restrooms 32, 67, 103; *(dames/messieurs)* ladies'/men's room 27
tomate tomato 50, 64, 119
tombeau tomb 82
tomber to fall 139
ton your 161
ton *(couleur)* shade 112
tonnerre thunder 94
topaze topaz 106
torticolis stiff neck 141
tortue turtle 43
tôt early 14, 31, 153
toucher to touch 155
toujours always 15

tour *(édifice)* tower 82
tour *(excursion)* tour 74, 80
tour de ville sightseeing tour 80
tourne-disque record player 104
tourner to turn 77
tournevis screwdriver 109
tousser to cough 142
tout everything 15, 35; all 102
tout de suite at once 31; now 137
tout droit *(direction)* straight ahead 77
toux cough 121, 122, 141
traducteur/-trice translator 131
traduction translation 12
traduire to translate 12
trafic traffic 76
train train 66, 68, 69, 70, 128; railroad 66
train direct through train 68, 69
train omnibus local train 69
traitement treatment 143
traiteur delicatessen 99
trajet *(voyage)* journey 72
tramway streetcar 73
tranche slice 119
tranquille *(calme)* quiet 23, 25
tranquillisant sedative 122, 143
transfert transfer 131
transformateur transformer 104
transfusion blood transfusion 144
transport transportation 74
travailler to work 93
travers, à through, thru 15
traversée crossing 73
treize thirteen 147
trente thirty 147
trépied tripod 126
très very 15
tripes tripe 47
trois three 147
troisième third 148
trombone *(bureau)* paper clip 118
trop too (much) 14
trou hole 29
trousse à cosmétiques cosmetics bag 124
trousse à outils toolbox 109
trousse de premiers secours first-aid kit 109
trousse de toilette toiletries bag 124
trouver to find 11, 12, 84, 100
truite trout 45
tu you 161
tunnel de lavage car wash 76
turbot turbot 45
tuyau d'échappement tail pipe 78
T.V.A. *(équivalent U.S.A.)* sales tax 98
typique typical 47

U

un *(chiffre)* one 147
un(e) a, an 159
une fois once 148
université university 82
urgence emergency 156
urgent urgent 14, 145
urine urine 142
usage use 17
utile useful 15
utiliser to use 134

V

vacances vacation 16, 151, 152
vacciner to vaccinate 140
vague wave 91
vaisselle dishes 109
valable valid 65
valeur value 131
valise suitcase 18
vallée valley 85
vanille vanilla 55
veau *(viande)* veal 46
végétarien vegetarian 36
veine vein 138
vélomoteur moped 74
velours velvet 112
velours côtelé corduroy 112
vendre to sell 100
vendredi Friday 150
Vendredi-Saint Good Friday 152
venir to come 36, 92, 95, 137, 146
venir prendre to pick up 80, 96
vent wind 94
vente sale 131
vérifier to check 135
véritable genuine 116
vermouth vermouth 59
vernis à ongles nail polish 124
verre glass 37, 56, 57, 61, 106, 143; drink 95; *(optique)* lens 120
verre de contact contact lens 120
verre taillé cut glass 106
vers to, towards 15
vert green 111
vertiges, avoir des to feel dizzy 140

English index

Hudson Bay
CANADA
Edmonton
Vancouver
Calgary
Winnipeg
Quebec
Montreal
OTTAWA
Toronto
Boston
Seattle
Portland
Detroit
New York
Pittsburgh
Philadelphia
Cleveland
Chicago
Salt Lake City
WASHINGTON
Indianapolis
San Francisco
Denver
Missouri
Ohio
Las Vegas
Colorado
UNITED STATES
Mississippi
Atlanta
Los Angeles
ATLANTIC OCEAN
Dallas
PACIFIC OCEAN
Houston
New Orleans
Rio Grande
Miami
N
Gulf of Mexico
MEXICO
0
500
1000 km
0
500 miles